메타버스 ZEP
새로운 친구들과 또 다른 세상 똑똑!
나만의 가상세계 만들기

발 행 일	2024년 06월 03일(1판 1쇄)
I S B N	979-11-92695-23-5(13000)
정 가	15,000원
집 필	이종명
진 행	김진원
본문디자인	디자인앨리스
발 행 처	㈜아카데미소프트
발 행 인	유성천
주 소	경기도 파주시 정문로 588번길 24
홈 페 이 지	www.aso.co.kr / www.asotup.co.kr

※ 이 책은 저작권법에 따라 보호를 받는 저작물이므로 무단 전재와 무단 복제를 금지하며, 이 책 내용의 전부 또는 일부를 이용하려면 반드시 ㈜아카데미소프트의 서면동의를 받아야 합니다.

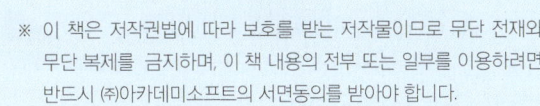

메타버스 ZEP - 나만의 가상세계 만들기

메타버스란?

메타버스는 가상 또는 초월을 뜻하는 단어 메타(Meta)와 우주를 뜻하는 유니버스(Universe)의 합성어로 가상 세상을 말합니다. 이 가상 세상에서 친구들과 만나서 회의를 하거나 게임을 할 수 있습니다. 요즘은 메타버스를 이용한 비대면 행사, 교육등 다양한 분야에 활용도 합니다.

ZEP이란?

ZEP은 메타버스 공간을 만드는 플랫폼입니다. ZEP을 이용해서 직접 나만의 공간을 제작하고 에셋스토어에서 맵이나, 오브젝트를 다운받아 편집할 수 있습니다. ZEP의 특징 중 하나는 별도의 회원 가입이 없이 링크 주소만 있어도 접속이 가능합니다. 카메라, 마이크, 화면 공유 등 온라인 회의에 특화되었습니다.

※ 아카데미소프트 메타버스(동시접속 20명)
　아이디 없이 접속 : https://zep.us/play/8MLrr5
　ZEP 가입 후 입장 코드로 접속 : 7053016

이런 내용으로 구성되어 있어요!

■ 완성작품 미리보기

각 장별로 학습목표를 소개하고 완성 작품을 미리 확인할 수 있어요.

■ 본문 따라하기

ZEP의 여러 가지 기능들을 체계적으로 학습할 수 있도록 구성되어 있어요.

■ 미션 수행하기

앞에서 배운 내용을 다시 한 번 복습할 수 있도록 미션 수행하기를 제공합니다.

CHAPTER 01
ZEP 시작하기

008

CHAPTER 02
맵 만들기 기초
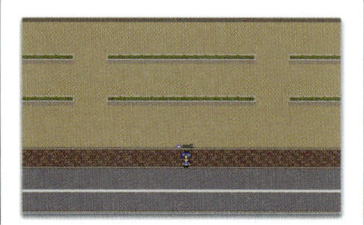
014

CHAPTER 03
오브젝트 알아보기
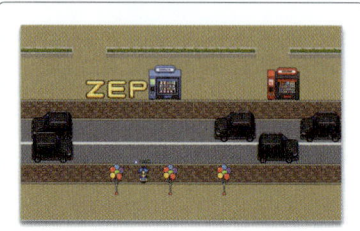
020

CHAPTER 04
에셋 스토어를 이용한 맵 만들기

026

CHAPTER 05
타일 효과 알아보기-1

034

CHAPTER 06
타일 효과 알아보기-2

040

CHAPTER 07
맵 이동하기

046

CHAPTER 08
ChatGPT 고양이 알아보기

052

CHAPTER 09
ChatGPT 고양이의 방 꾸미기

058

CHAPTER 10
플레이 타운 꾸미기

062

CHAPTER 11
컨트리 하우스에 내 방 만들기

068

CHAPTER 12
쇼케이스 행사장

076

메타버스 ZEP

CHAPTER 13 놀이터 만들기 — 082

CHAPTER 14 미로 게임 만들기 — 088

CHAPTER 15 스튜디오 만들기 — 094

CHAPTER 16 미술 전시관 만들기 — 100

CHAPTER 17 걷고 싶은 거리 만들기 — 108

CHAPTER 18 컴퓨터 내부구조 만들기 — 114

CHAPTER 19 버스 여행 — 120

CHAPTER 20 퀴즈 만들기 — 126

CHAPTER 21 오브젝트(애니메이션) 기능 활용하기 — 136

CHAPTER 22 판타지 세상 만들기 — 142

CHAPTER 23 로봇기지 만들기 — 148

CHAPTER 24 마을 만들기 — 154

ZEP 로그인 하기

1 인터넷을 실행하여 주소 입력 칸에 'zep.us'을 입력한 후, Enter 키를 누릅니다. ZEP 홈페이지가 열리면 오른쪽 상단 [로그인]을 클릭합니다.

2 로그인 방법은 이메일 주소를 입력하고 [이메일로 로그인]을 클릭하고 이메일에 전송된 인증 번호를 ZEP 인증 코드에 입력합니다.

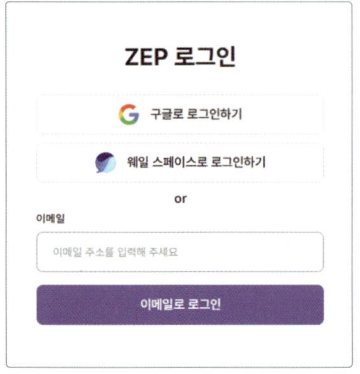 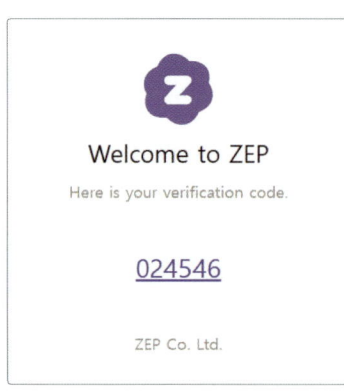 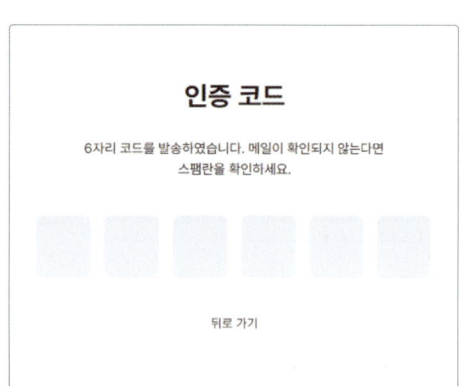

※ 구글 또는 웨일 스페이스로 로그인하면 인증코드를 입력하지 않고 로그인 할 수 있습니다.
※ 아이디와 비밀번호를 기록합니다.

아이디	
비밀번호	

MEMO

CHAPTER 01 ZEP 시작하기

📁 불러올 파일 : 없음   📁 완성된 파일 : 없음

학습목표 – 아바타 꾸미기와 ZEP 조작법을 알아봅니다.
– ZEP 화면을 살펴봅니다.

1 아바타 꾸미기

1 ZEP 홈페이지(zep.us)에 접속하고 [로그인] 단추를 클릭한 다음 '구글', '웨일 스페이스', '이메일'을 선택해서 로그인을 합니다.

2 ZEP 홈 화면에서 [둘러보기]를 클릭하고 [학교]–[ZEP 학교]를 클릭한 후, 스페이스에 입장합니다.
※ 스페이스는 ZEP에서 사용하는 방 또는 공간을 말합니다. 나의 공간(스페이스)을 멋지게 꾸며서 친구들을 초대할 수 있습니다.

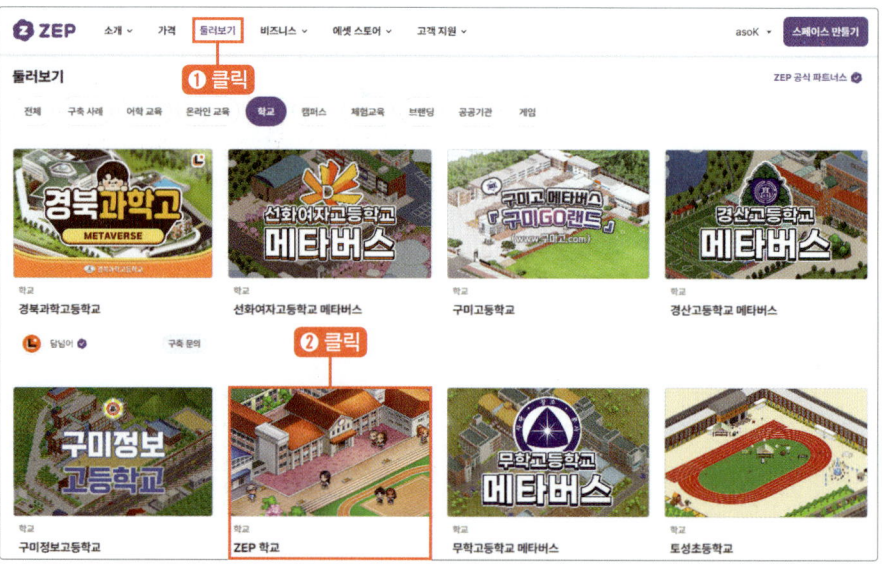

3 스페이스에 접속하면 오른쪽 상단 내 아바타 모양을 클릭하고 [아바타 꾸미기]를 클릭합니다.
※ [아바타 꾸미기]의 다른 방법은 마우스로 내 아바타를 클릭하는 방법이 있습니다.

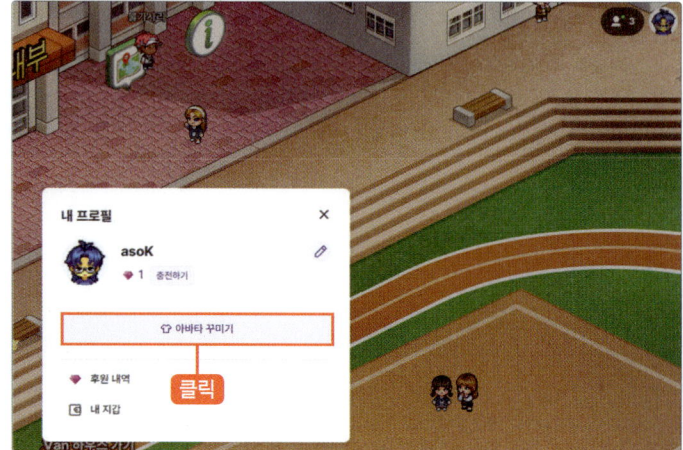

008 메타버스 ZEP

4 [아바타 꾸미기]에서 닉네임, 상태 메시지를 입력하고 자신이 마음에 드는 헤어, 의류, 피부, 얼굴을 선택한 다음 <저장> 단추를 클릭합니다.

※ 헤어와 의류는 마음에 드는 색상을 선택할 수 있습니다.

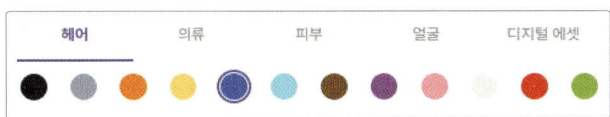

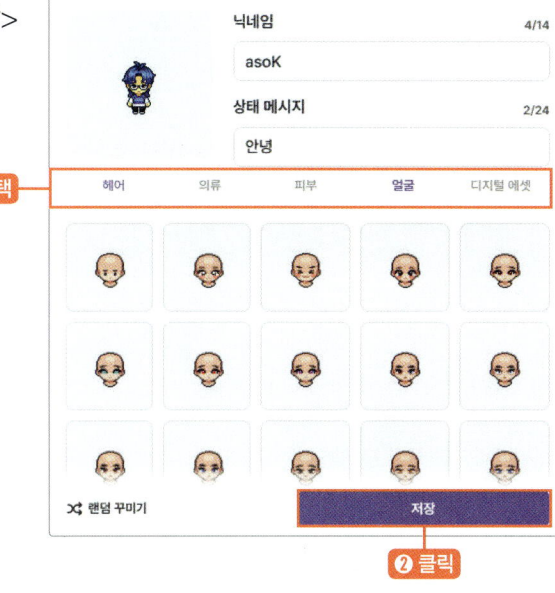

2 ZEP 조작법 알아보기

1 학교 내부 오른쪽에 지도 그림과 정보 아이콘이 있는 곳으로 키보드의 방향키로 이동을 합니다. 바로 앞에 도착하면 키보드의 F 키를 누릅니다. 이어서, ZEP의 조작법이 나타납니다.

2 학교 벤치로 이동하고 키보드의 X 키를 눌러서 앉기를 해봅니다.

> **TIP**
> ZEP에서 이동은 3가지 방식이 있습니다. 키보드의 방향키, W A S D, 이동하고 싶은 곳을 더블클릭이 있습니다.

CHAPTER 01 ZEP 시작하기 **009**

3 ZEP에 친구가 있다면 가까이 가서 Z 키를 눌러서 찌르기를 하면 상대방에게 소리가 나서 알려주게 되는 알람 기능입니다.

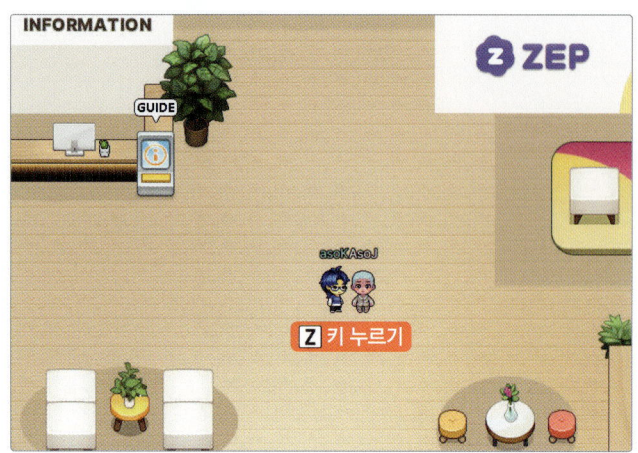

4 다른 친구를 마우스로 클릭하면 프로필이 열리면서 '옷 따라입기'를 누르면 내 아바타가 친구와 같은 모습으로 변경됩니다.

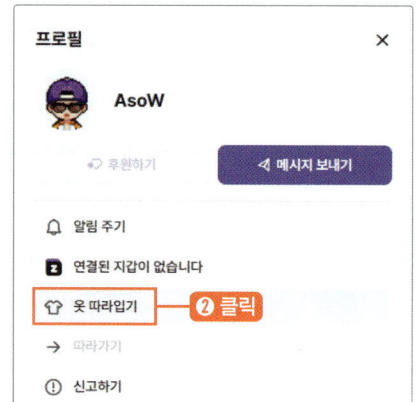

 **메뉴 알아보기**

1. ZEP 화면 왼쪽 상단 [메뉴]를 클릭합니다. 이어서, 메뉴가 열리면 이동에서 '학교 강당'을 클릭합니다.
   ※ [메뉴]는 항상 열려있습니다. 맵의 끝부분 또는 표시 지점에 가면 다른 맵으로 이동이 가능합니다.

2. 학교 강당으로 이동을 했습니다. 이어서, [초대 링크 복사] 또는 입장 코드를 친구에게 알려주면 내가 있는 맵으로 초대를 할 수 있습니다.
   ※ [ZEP] 홈에서 <코드로 입장> 단추를 클릭한 다음 입장 코드를 입력합니다.

3. ZEP 화면의 오른쪽 상단 사람 모양 아이콘을 클릭하면 접속한 사람을 볼 수 있습니다.

CHAPTER 01 ZEP 시작하기 **011**

4 같은 공간에 있으면 사용자 목록에 아바타가 보이게 됩니다. 아바타를 클릭하면 메시지를 따로 보낼 수 있습니다.
   ※ 맵에 친구 아바타가 보이면 아바타를 클릭해도 프로필이 나오게 됩니다.

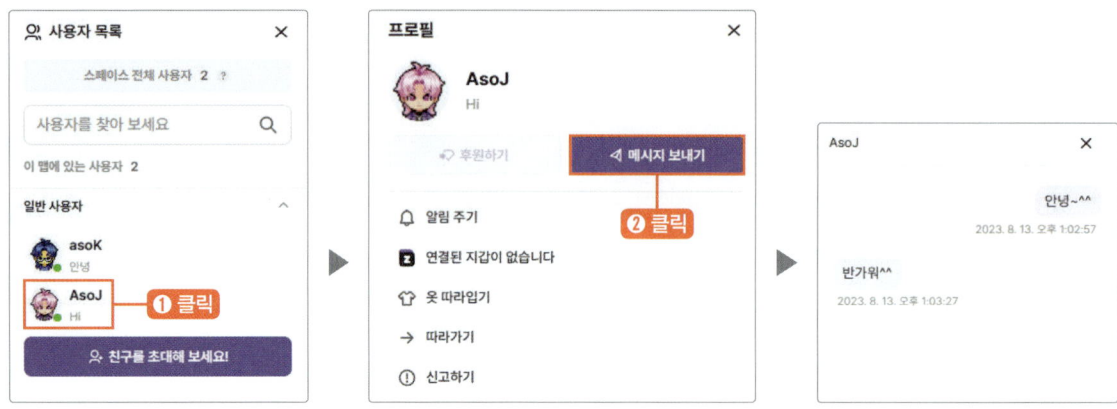

TIP [메시지 보내기] 기능은 전체 채팅 창에 채팅 내용이 보이지 않고 친구와 서로 메시지를 주고 받는 기능입니다.

5 화면 왼쪽 하단의 [ZEP 홈]을 클릭하면 ZEP의 처음 화면으로 이동하게 됩니다. 처음 화면은 [최근 방문], [코드로 입장], [스페이스 만들기]가 있습니다.

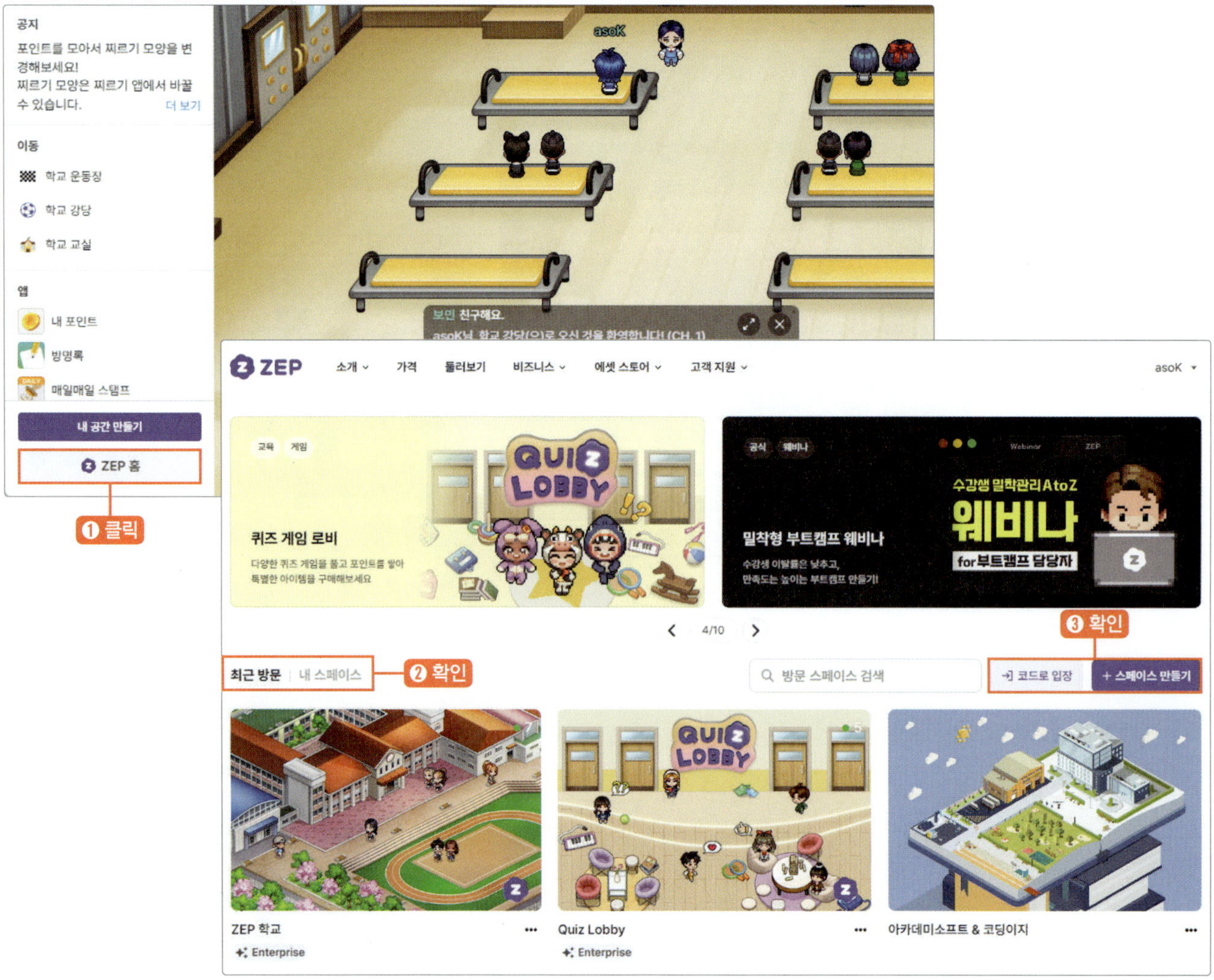

01 미션 수행하기

1 ZEP 홈 화면에서 [둘러보기]를 클릭하고 체험하고 싶은 스페이스를 선택합니다. 방문한 스페이스를 둘러보고 다시 홈 화면으로 돌아옵니다.

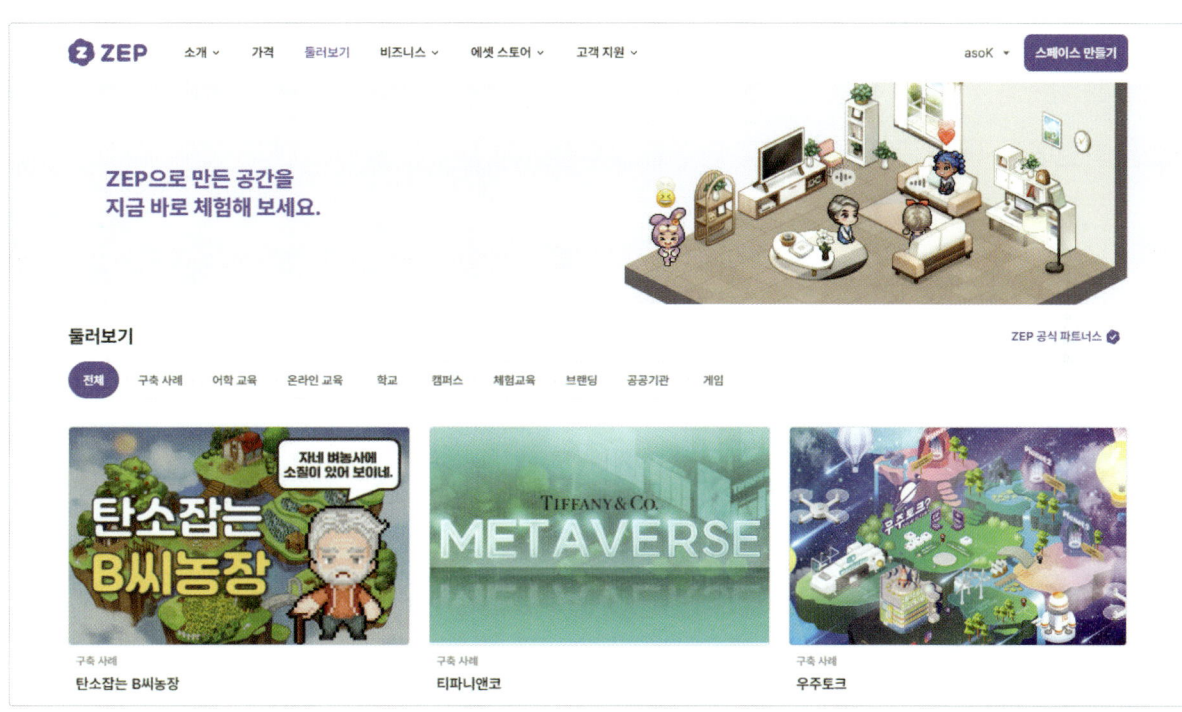

2 방문한 스페이스 중 마음에 드는 스페이스 이름을 써 봅니다.

방문한 스페이스 이름	마음에 드는 이유

CHAPTER 01 ZEP 시작하기 **013**

CHAPTER 02 맵 만들기 기초

📁 불러올 파일 : 없음   📁 완성된 파일 : 없음

학습목표
- 맵 만들기에 대해 알아봅니다.
- 바닥, 벽, 도장, 지우개 사용 방법에 대해 알아봅니다.

1 맵 만들기 기본

1 ZEP 홈 화면에서 <+ 스페이스 만들기> 단추를 클릭합니다.

2 [템플릿 고르기] 화면이 나오면 <빈 맵에서 시작하기> 단추를 클릭합니다.

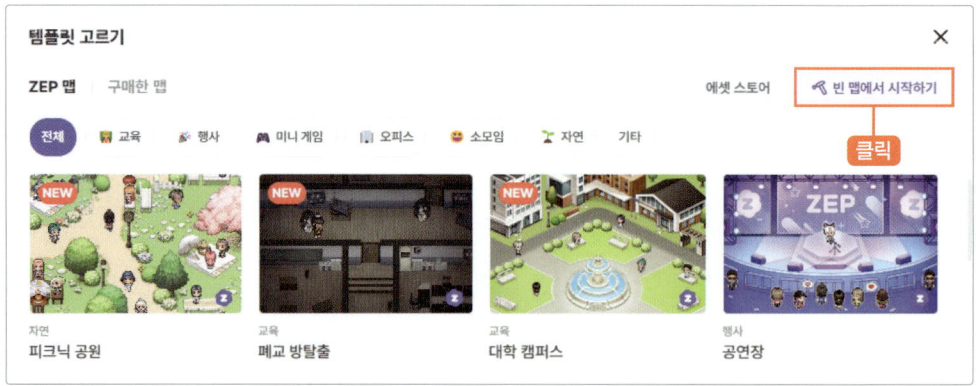

3 [스페이스 설정] 화면이 나오면 스페이스 이름(나의 맵)을 입력하고 <만들기> 단추를 클릭합니다.
 ※ 스페이스 만들 때 비밀번호를 설정할 수도 있습니다. 비밀번호를 설정하면 내가 아는 친구들만 스페이스를 방문할 수 있습니다.

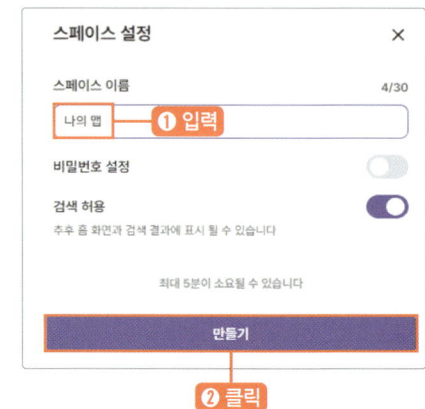

014 메타버스 ZEP

4 [맵 에디터] 화면이 나오면 상단 툴바에서 [맵 크기조정]을 클릭합니다.

5 [맵 크기 수정하기] 화면이 나오면 너비(30), 높이(30)을 입력하고 <저장> 단추를 클릭합니다.
   ※ 맵의 크기 단위는 타일 단위를 사용합니다. 1타일에 32픽셀입니다. 각 너비와 높이는 최대 512개로 16,384픽셀을 넘지 않는 것을 권장합니다.

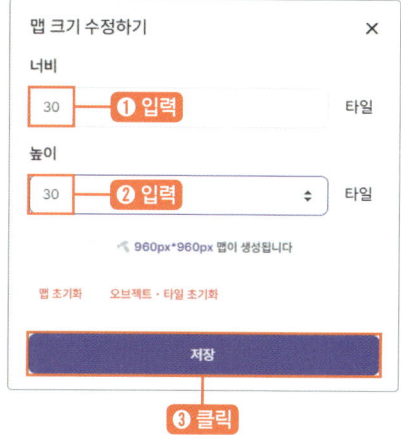

2 바닥, 벽, 도장, 지우개 사용하기

1 상단 툴바에서 [바닥]을 선택한 후 [도장]을 클릭합니다. 이어서, 도장 크기(4x)를 클릭하고 바닥 타일을 선택한 후, 마우스 왼쪽 단추를 누르면서 드래그하여 바닥을 그려줍니다.

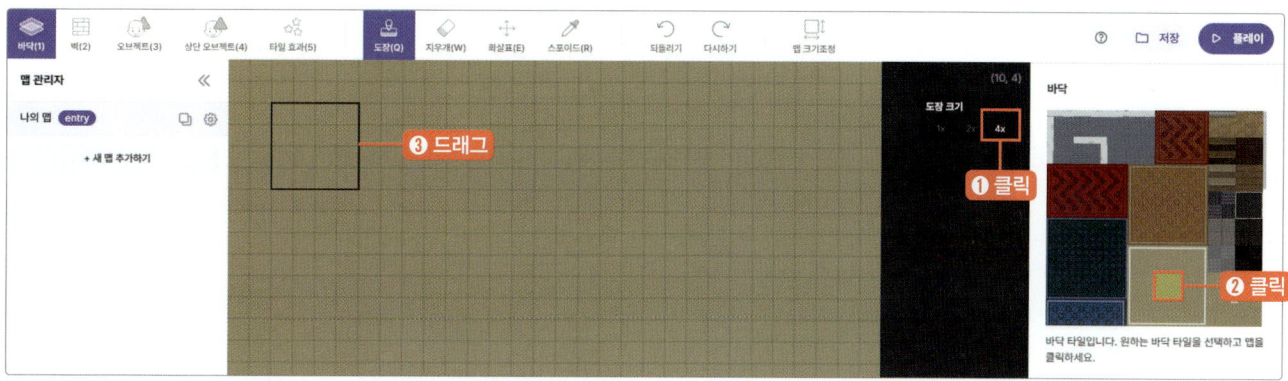

2 도장으로 자유롭게 바닥을 선택해서 그려봅니다.

3 상단 툴바에서 [벽]을 선택한 후, [도장]을 클릭합니다. 이어서, 도장 크기(1x)를 클릭한 다음 '벽' 타일을 선택하고 마우스로 클릭 또는 드래그하여 벽을 그려줍니다.

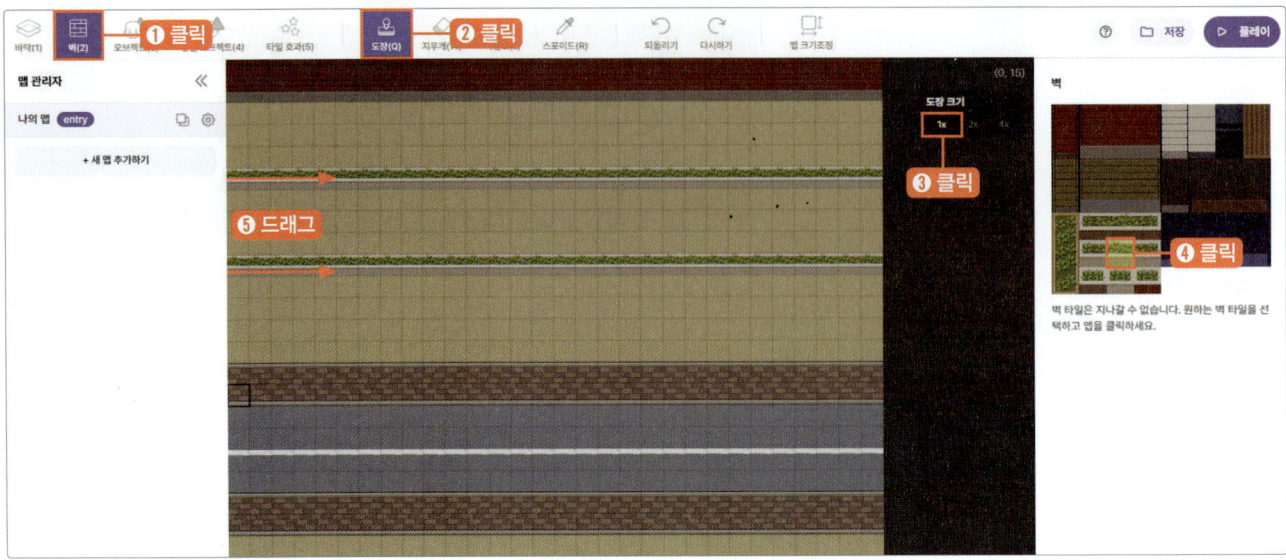

4 벽 타일은 아바타가 지나갈 수 없기 때문에 아바타가 다닐 수 있도록 벽을 지우기를 합니다. 상단 툴바에서 [지우개]를 선택하고 벽을 지워봅니다.

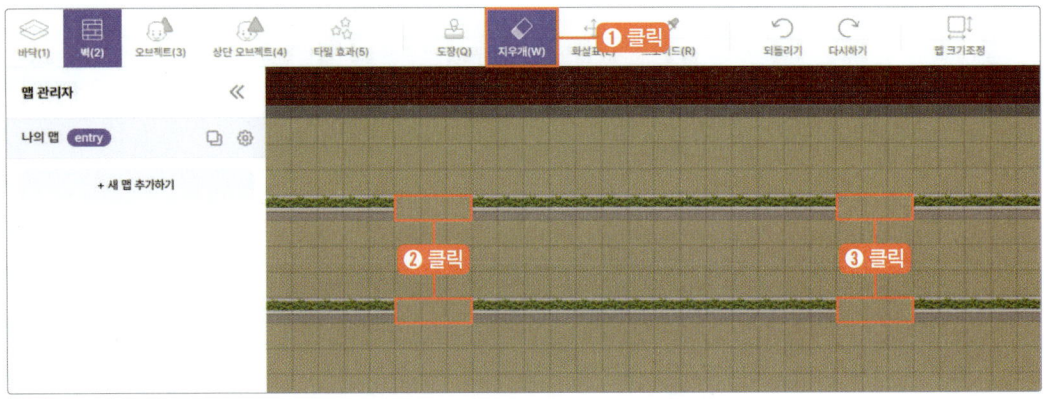

5 화단으로 된 벽의 시작과 끝부분을 마무리하기 위해서 상단 툴바에서 [벽]을 선택하고 이미지에 맞는 벽을 그려봅니다.

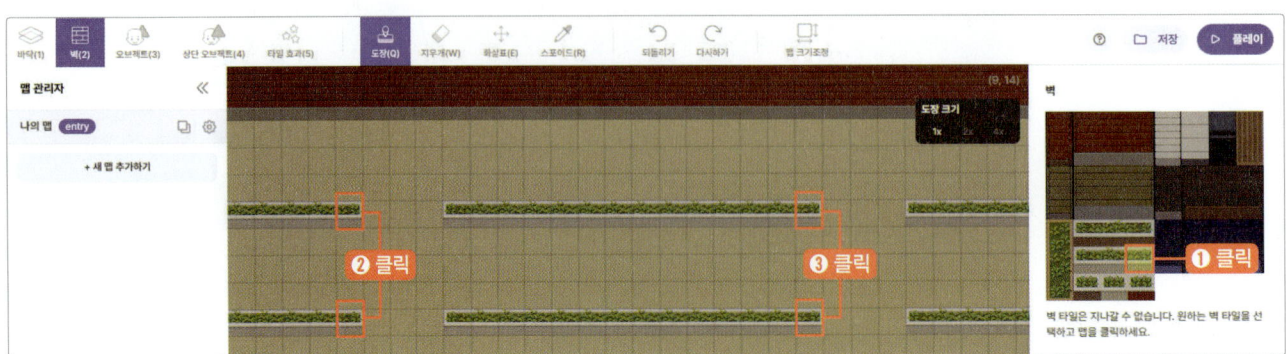

6 다음과 같이 바닥과 벽을 이용해서 자유롭게 맵을 꾸며봅니다.
   ※ 그려진 벽을 지울 때 Shift 키를 누르면서 그려진 벽을 클릭하면 간단하게 지우기가 가능합니다.

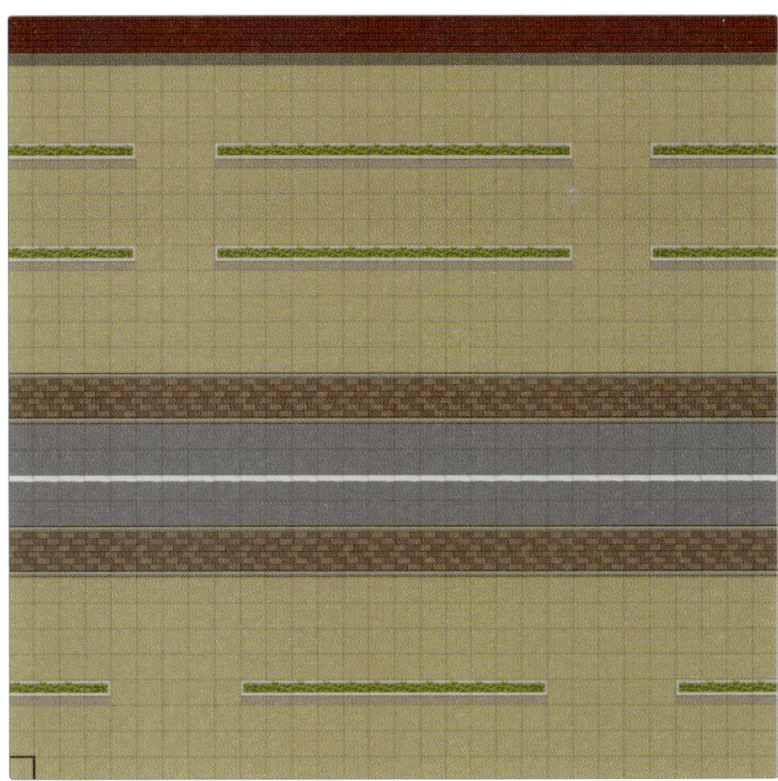

7 맵을 완성했으면 오른쪽 상단 <저장 후 플레이(▷ 저장 후 플레이)> 단추를 클릭합니다.

8 완성된 맵을 이동을 하면서 벽이 통과되는지 확인해 봅니다.
   ※ 맵을 다시 수정하려면 왼쪽 메뉴에서 [맵 에디터]를 선택합니다.

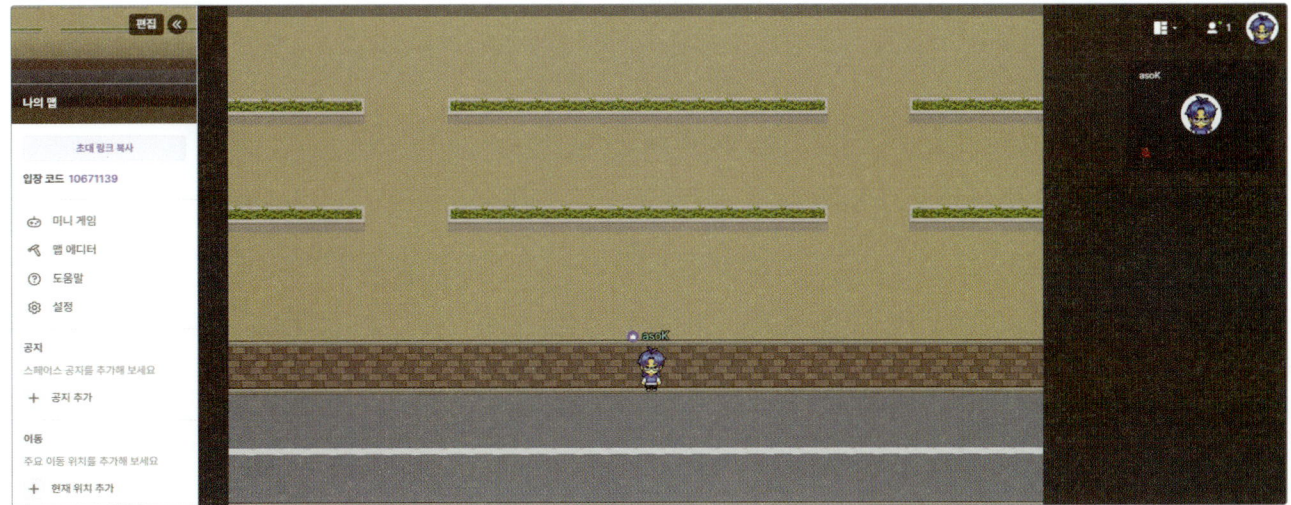

CHAPTER 02 맵 만들기 기초 **017**

9️⃣ 맵에서 왼쪽 하단 [ZEP 홈]을 클릭한 다음 [내 스페이스]를 클릭하면 내가 만든 맵이 있습니다.
※ 스페이스의 관리자는 "OWNER"라고 맵에 표시되어 있습니다. 수업이 종료되었으면 [ZEP 홈]-오른쪽 상단 [내 닉네임]-[로그아웃]을 클릭합니다.

1 스페이스 만들기로 "나만의 방"으로 이름을 정하고 바닥과 벽을 만들어 봅니다.

- 맵의 크기는 너비(15), 높이(15)로 지정

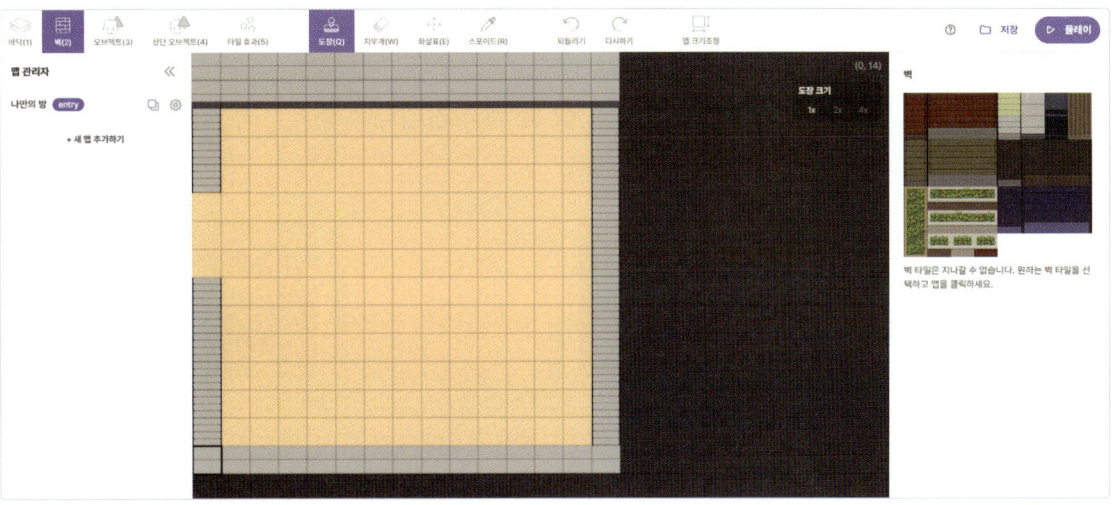

2 스페이스 만들기로 "우리집 거실"로 이름을 정하고 바닥과 벽을 만들어 봅니다.

- 맵의 크기는 너비(20), 높이(20)으로 지정

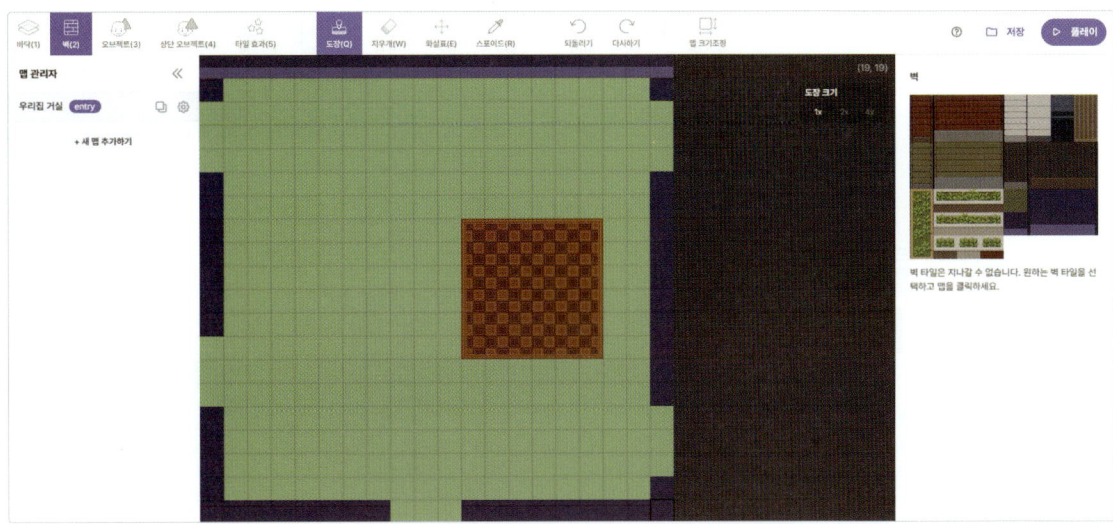

CHAPTER 03 오브젝트 알아보기

📁 불러올 파일 : 없음   📁 완성된 파일 : 없음

학습목표
- 오브젝트에 대해 알아봅니다.
- 오브젝트를 배치하고 삭제하는 방법을 알아봅니다.

1 오브젝트 배치하기

1 ZEP 홈에서 [내 스페이스]를 클릭하고 "나의 맵"을 클릭합니다.

2 화면 왼쪽의 [맵 에디터]를 클릭합니다.

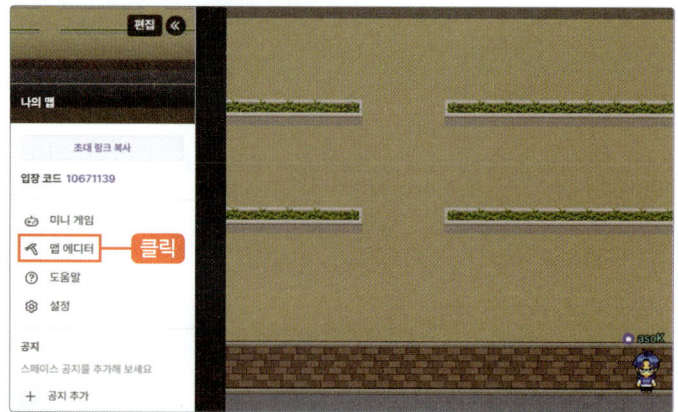

3 [맵 에디터] 화면이 나오면 상단 툴바에서 [오브젝트]를 클릭하고 오른쪽 오브젝트 속성에서 [텍스트 오브젝트]-[+추가]를 클릭합니다.

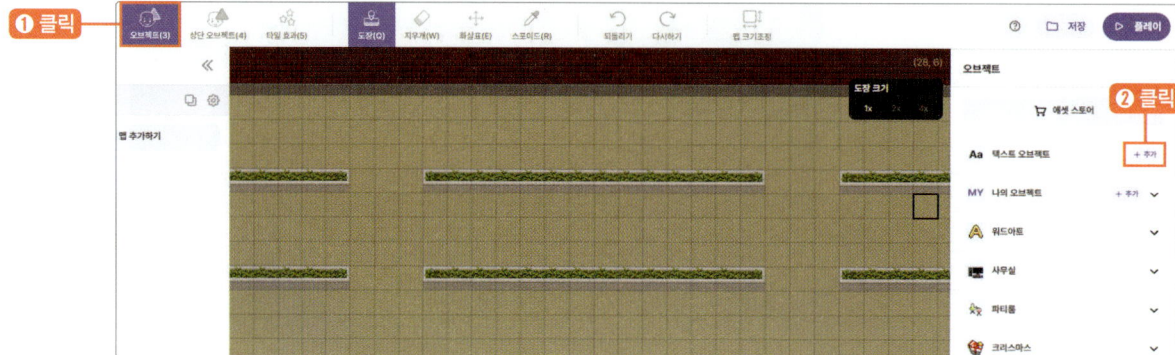

020 메타버스 ZEP

4 [텍스트 오브젝트]에서 텍스트에 "모두들 환영합니다."를 입력합니다.

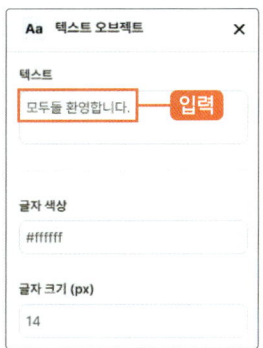

5 [도장]이 선택된 상태에서 맵을 클릭하면 입력한 글자가 나타납니다.
※ 잘못 입력한 텍스트 오브젝트는 [지우개]로 지울 수 있습니다.

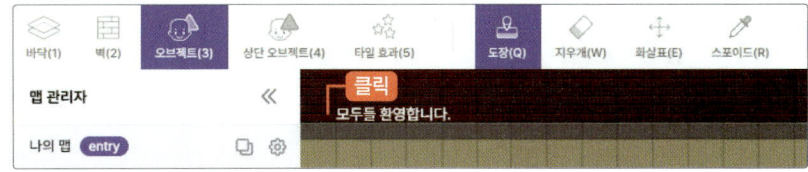

6 오브젝트 속성에서 [워드아트]를 클릭하고 영어 단어를 선택한 후, 크기는 가로(W) '200', 세로(H) '200'으로 변경한 다음 맵에 입력합니다.
※ 자신이 원하는 영어 단어를 맵에 표시해 봅니다.

7 오브젝트 속성에서 [사무실]을 클릭하고 '자동차'를 선택한 다음 맵에 배치해 봅니다.

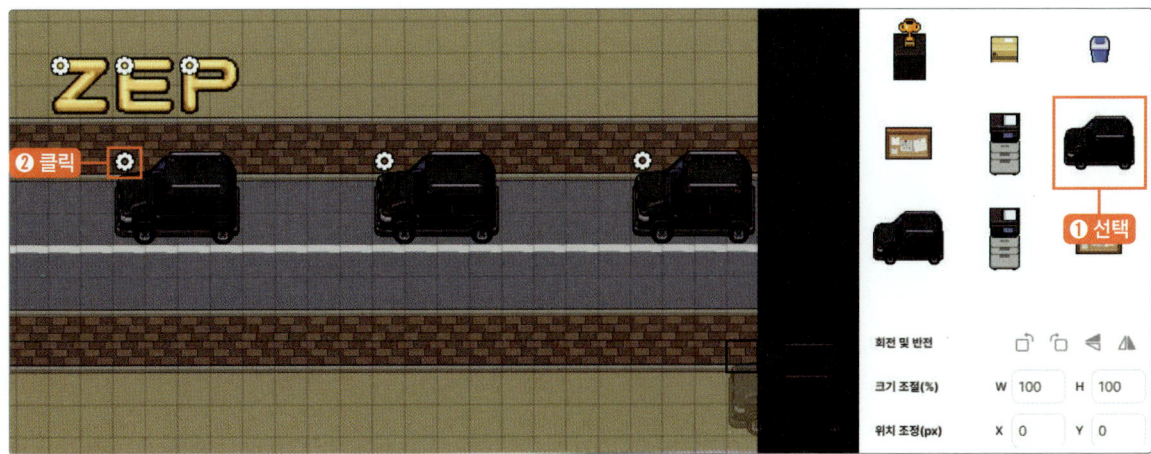

8 '자동차'를 [좌우 반전]을 클릭하고 다음 맵에 배치해 봅니다.

9 상단 툴바에서 [상단 오브젝트]를 클릭하고 [사무실]에서 '파란 자판기'와 '빨간 자판기'를 다음 맵에 배치해 봅니다.

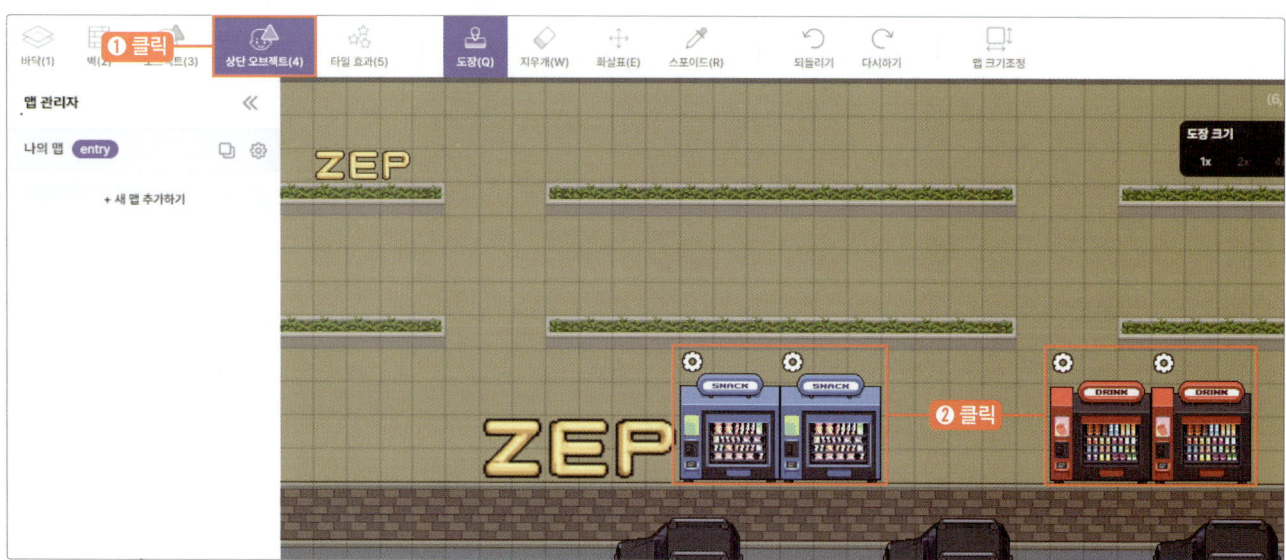

10 맵에 오브젝트 배치가 완료되면 오른쪽 상단 <저장> 단추를 클릭합니다.

2 오브젝트와 상단 오브젝트 구분하기

1 [맵 에디터] 화면에서 오른쪽 상단 <저장 후 플레이()> 단추를 클릭하고 자판기 오브젝트로 이동합니다. '상단 오브젝트'는 아바타가 자판기 뒤쪽에 위치해 있어서 안보입니다.

2 자동차 오브젝트로 이동합니다. '오브젝트'는 아바타가 앞으로 보이게 됩니다.

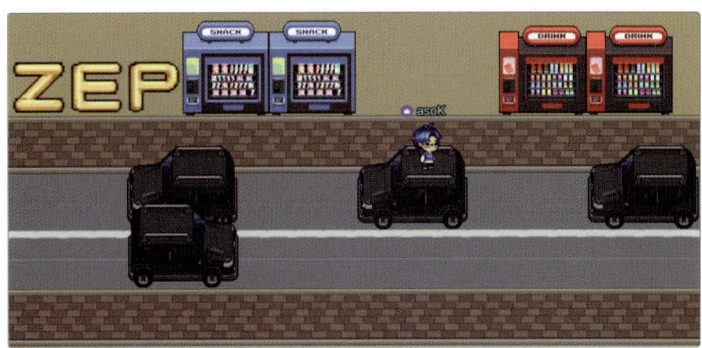

3 오브젝트 삭제와 복사하기

1 [맵 에디터]를 클릭하고 상단 툴바에서 [상단 오브젝트]를 클릭한 다음 [지우개]를 클릭합니다. 이어서, '파란 자판기'의 [오브젝트 설정(⚙)] 클릭하면 오브젝트가 삭제됩니다. 같은 방법으로 '빨간 자판기' 오브젝트도 삭제합니다.

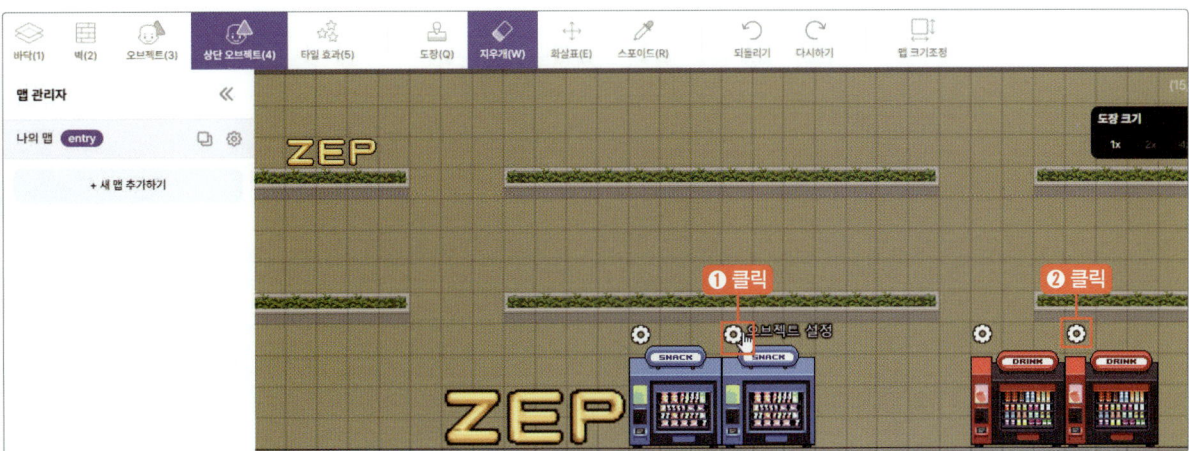

CHAPTER 03 오브젝트 알아보기 **023**

2 상단 툴바에서 [오브젝트]를 클릭한 다음 [지우개]를 클릭합니다. 이어서, '자동차' 오브젝트 두 개만 삭제합니다.

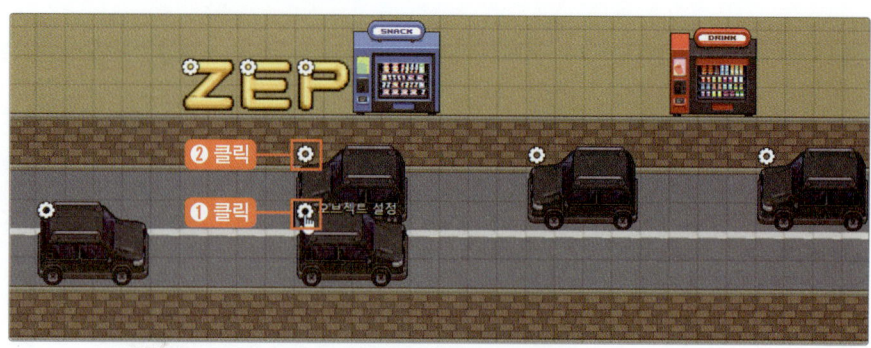

3 상단 툴바에서 [스포이드]를 클릭하고 자동차 오브젝트에서 [스포이드 모양(🖊)] 클릭하고 자동차를 맵에 배치합니다.
  ※ 오브젝트 복사를 사용하면 [도장]으로 변경되어 같은 오브젝트를 배치할 수 있습니다.

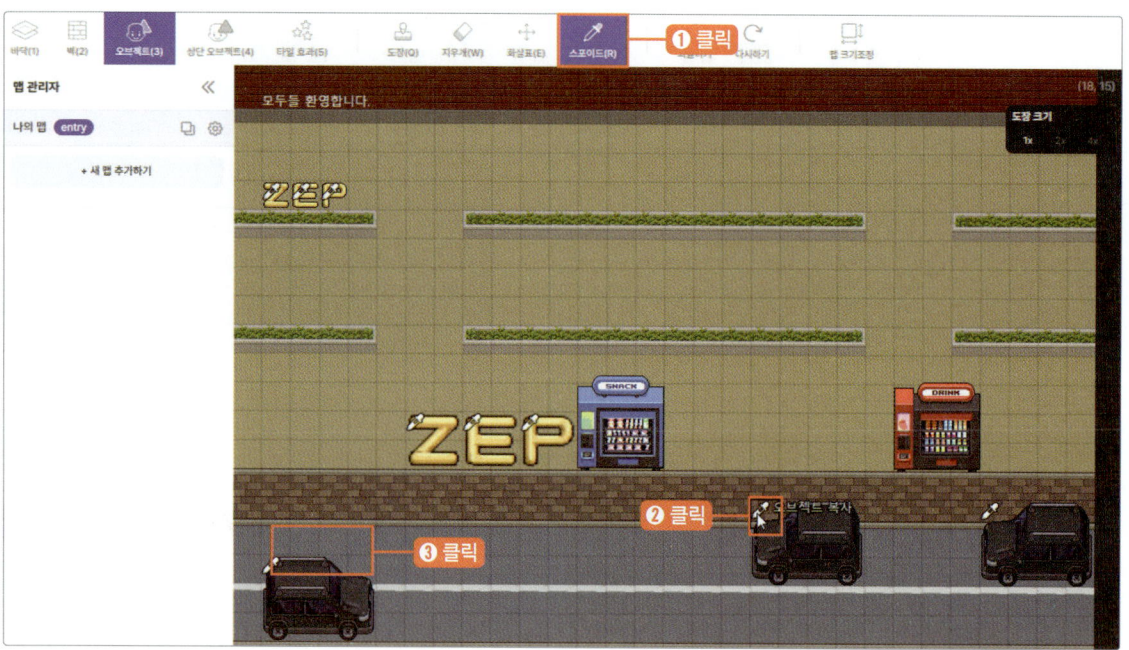

4 다음과 같이 완성하고 자신이 추가하고 싶은 오브젝트를 추가한 다음 오른쪽 상단 <저장 후 플레이> 단추를 클릭해서 맵을 확인해 봅니다.

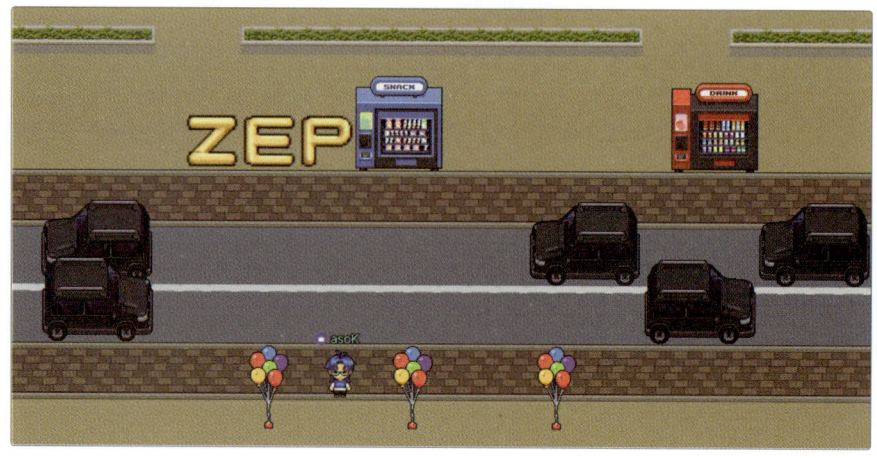

03 미션 수행하기

1 "나만의 방" 스페이스에 다음과 같이 오브젝트를 배치해 봅니다.

- 텍스트 오브젝트를 추가
- 추가하고 싶은 오브젝트도 자유롭게 배치

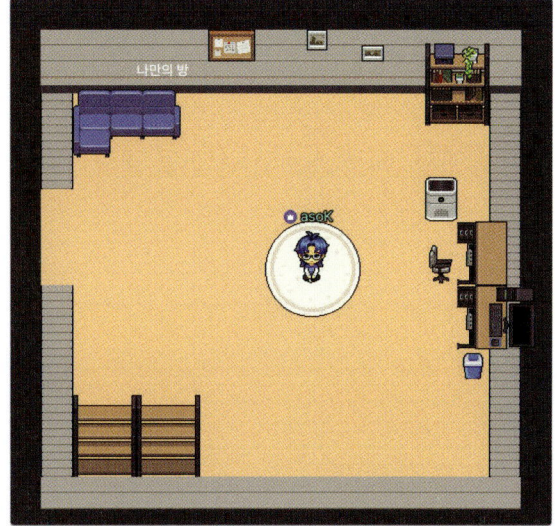

2 "우리집 거실" 스페이스에 다음과 같이 오브젝트를 배치해 봅니다.

- 오브젝트 크기도 변경하여 배치

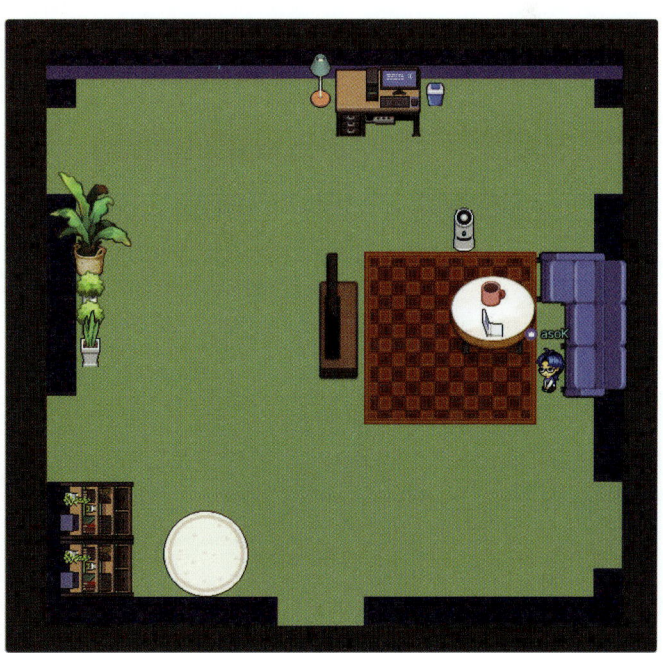

CHAPTER 04 에셋 스토어를 이용한 맵 만들기

■ 불러올 파일 : 없음　■ 완성된 파일 : 없음

학습목표 ▶ － 에셋 스토어에 대해 알아봅니다.
　　　　　　－ 에셋 스토어의 맵, 오브젝트, 앱을 알아봅니다.

1 에셋 스토어에서 구매하기

1 ZEP 홈에서 [에셋 스토어]-[맵]을 클릭합니다.

2 [맵] 선택 화면이 나오면 [학교 복도 맵]을 클릭하고 <구매하기> 단추를 클릭합니다.
※ 무료 맵은 이름 아래에 'FREE'라고 표시되어 있습니다.

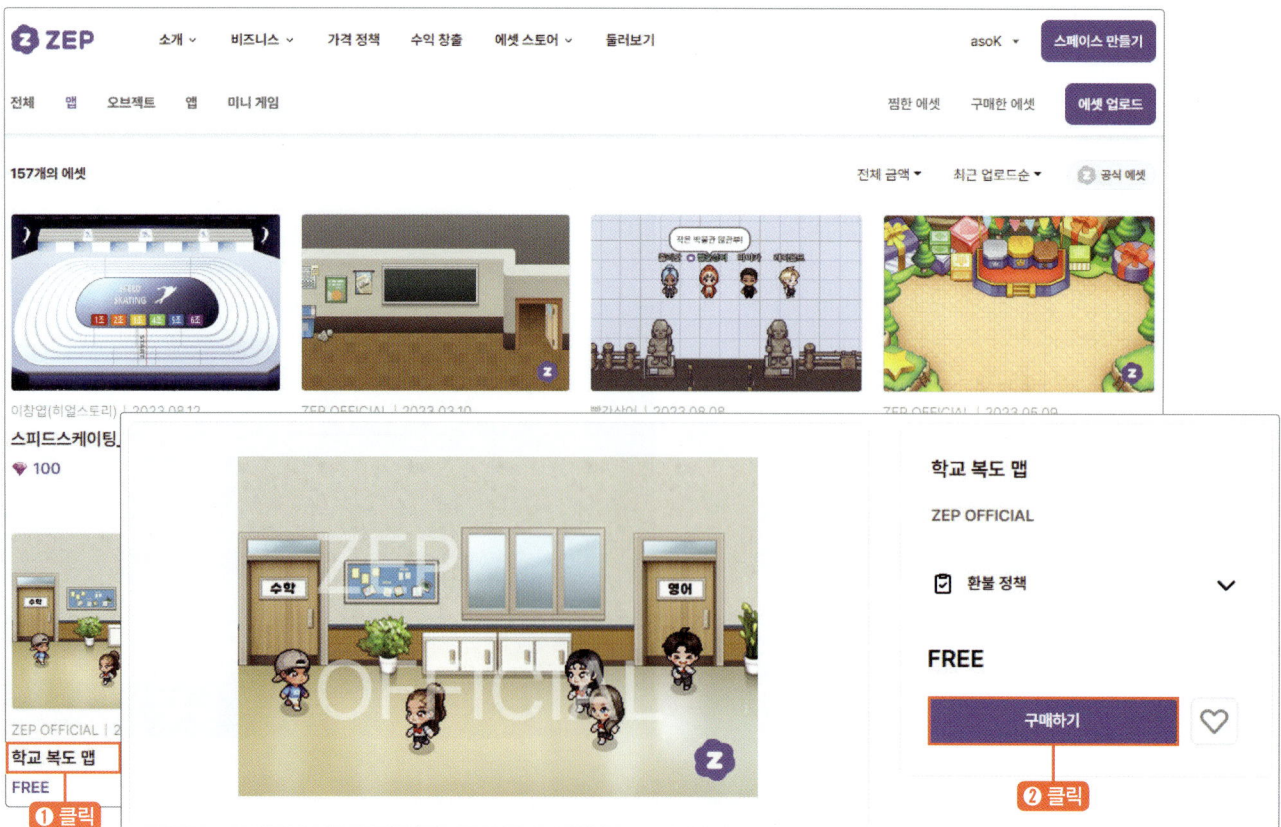

026　메타버스 ZEP

3 상단 메뉴에서 [오브젝트]를 클릭하고 [학교 방탈출 학생 NPC]를 클릭한 다음 <구매하기> 단추를 클릭합니다.

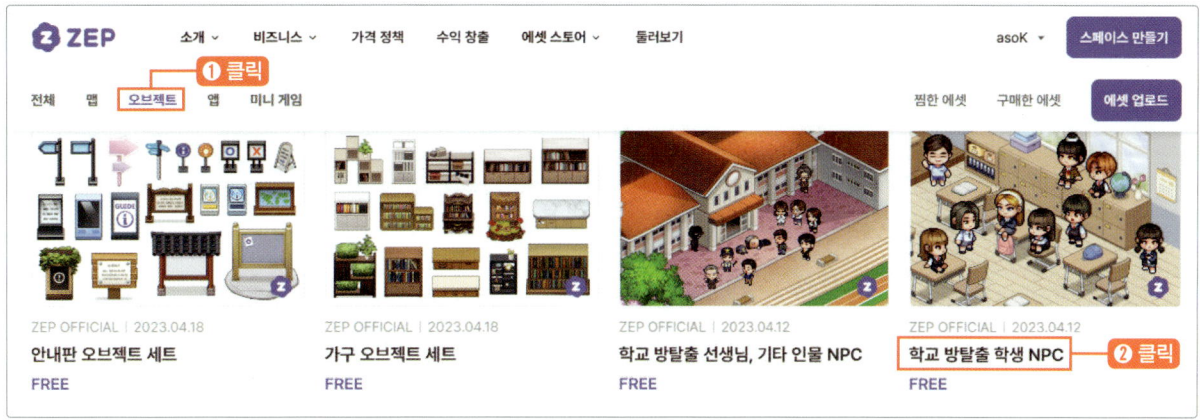

2 구매한 맵 사용하기

1 ZEP 화면 오른쪽 상단 <스페이스 만들기> 단추를 클릭한 후, [구매한 맵]-[학교 복도 맵]을 선택한 다음 스페이스 이름(우리 학교)을 입력하고 <만들기> 단추를 클릭합니다.

2 스페이스가 열리면 화면 왼쪽의 [맵 에디터]를 클릭합니다.

3 [맵 에디터] 화면이 나오면 상단 툴바에서 [오브젝트]를 클릭하고 오른쪽 오브젝트 속성에서 [학교 방탈출 학생 NPC]를 클릭한 다음 학생들을 배치해 봅니다.

4 상단 툴바에서 [지우개]를 클릭하고 '역사', '수학', '종합평가' 문을 삭제합니다.

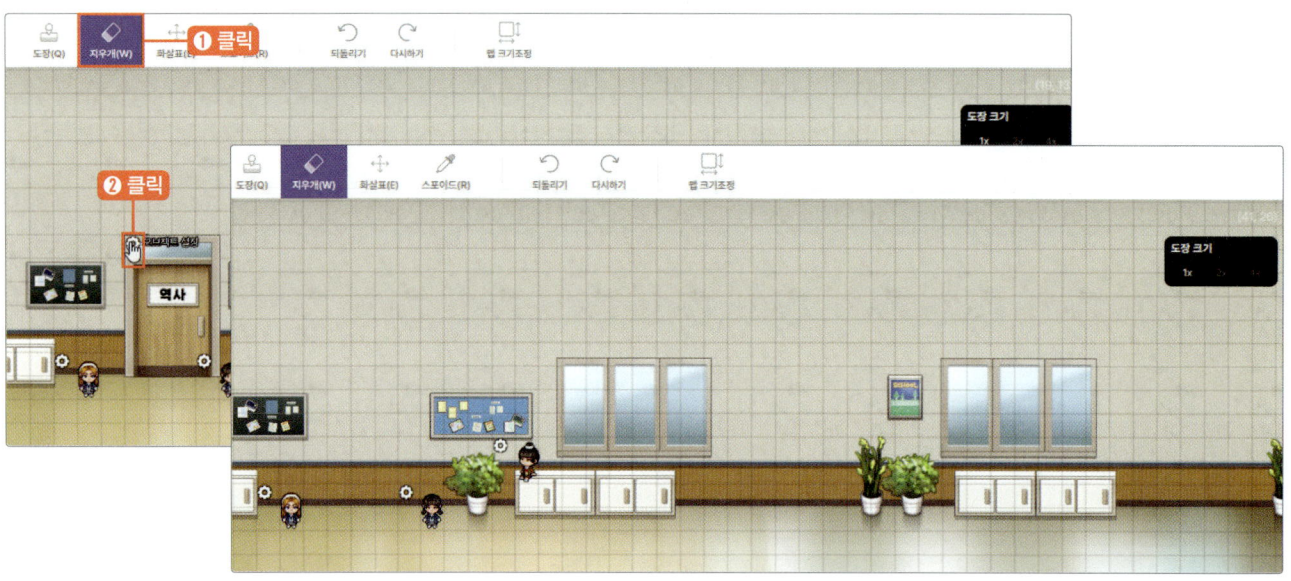

5 상단 툴바에서 [오브젝트]를 클릭한 다음 오른쪽 오브젝트 속성에서 [나의 오브젝트]를 클릭하고 '열린 교실문'을 배치해 봅니다.

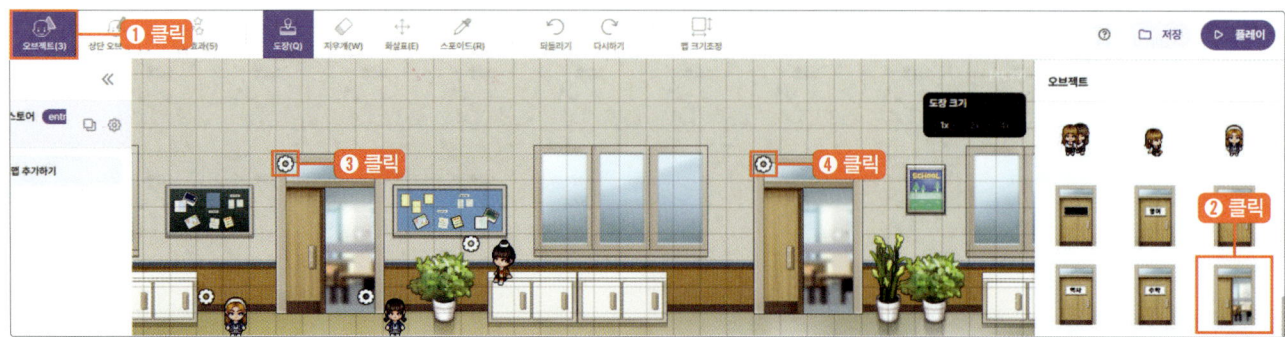

6 오른쪽 상단 <저장> 단추를 클릭합니다.

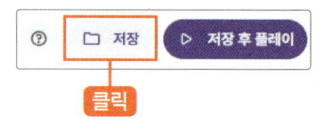

스탬프 앱 알아보기

1 [맵 에디터]에서 [오브젝트]-[도장]을 선택하고 [사무실]-[휴지통] 오브젝트를 다음과 같이 배치해 봅니다.

2 [휴지통] 오브젝트에서 [설정(⚙)]을 클릭하고 [스탬프]를 클릭합니다. 이어서, 스탬프 종류(스탬프), 스탬프 이름(휴지통), 스탬프 번호(1), 실행 범위(1), 실행 방법(F 키를 눌러 실행)을 선택합니다.

3 같은 방법으로 나머지 [휴지통] 오브젝트에 스탬프를 적용합니다.
- 스탬프2 : 스탬프 이름(휴지통), 스탬프 번호(2), 실행 범위(1), 실행 방법(F 키를 눌러 실행)
- 스탬프3 : 스탬프 이름(휴지통), 스탬프 번호(3), 실행 범위(1), 실행 방법(F 키를 눌러 실행)

4 맵에서 가장 왼쪽에 있는 오브젝트에 [설정(⚙)]을 클릭하고 [스탬프]를 클릭합니다.

5 이어서, 스탬프 종류(스탬프 체커), 이름(국어 선생님), 실행할 동작(텍스트 팝업), 텍스트 (정리를 잘해주었구나! 잘했어), 실행조건(스탬프 수량 체크), 필요한 스탬프 수(3), 실행 범위(1), 실행 방법(F 키를 눌러 실행)을 선택합니다.

6 오른쪽 상단 <저장 후 플레이> 단추를 클릭합니다.

4 스탬프 앱 적용하기

1 스탬프를 적용하기 위해서 왼쪽 메뉴에서 [앱]-[앱 추가]를 클릭합니다.

2 [앱 관리]에서 [스탬프]-<설치> 단추를 클릭합니다.

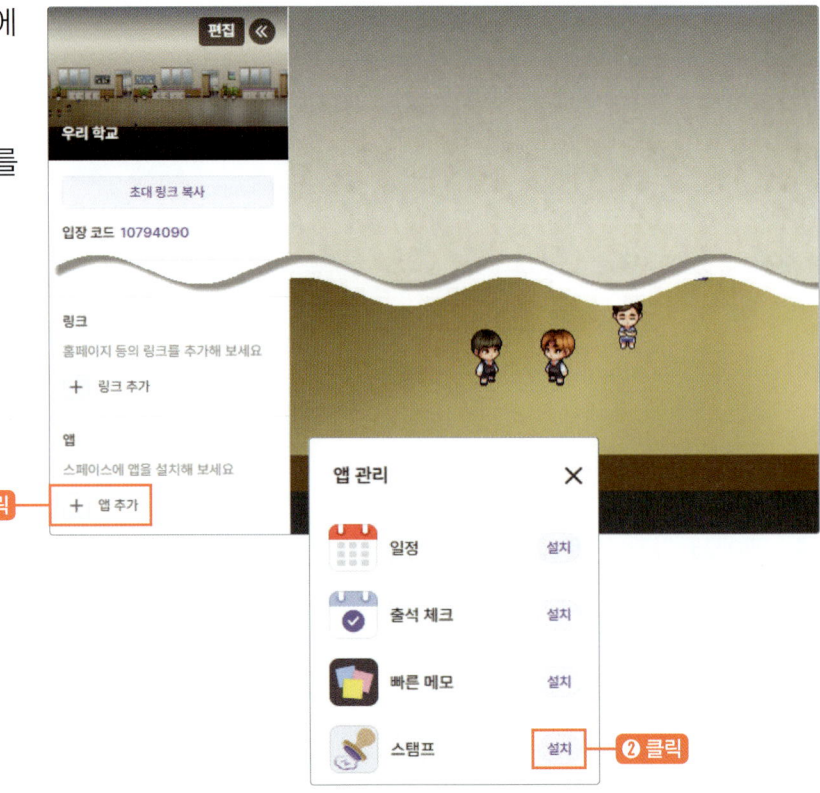

3 [휴지통] 오브젝트 근처에 가서 F 키를 눌러서 실행하면 스탬프 상자가 열립니다. 이어서, <스탬프 찍기> 단추를 클릭하면 [휴지통] 오브젝트가 표시됩니다.

4 같은 방법으로 총 3개의 [휴지통]을 찾아서 스탬프를 찍어봅니다.

5 스탬프 찍기를 완료하면 [휴지통] 오브젝트에 '완료' 표시와 <스탬프 획득! (3/3)> 단추로 표시됩니다.

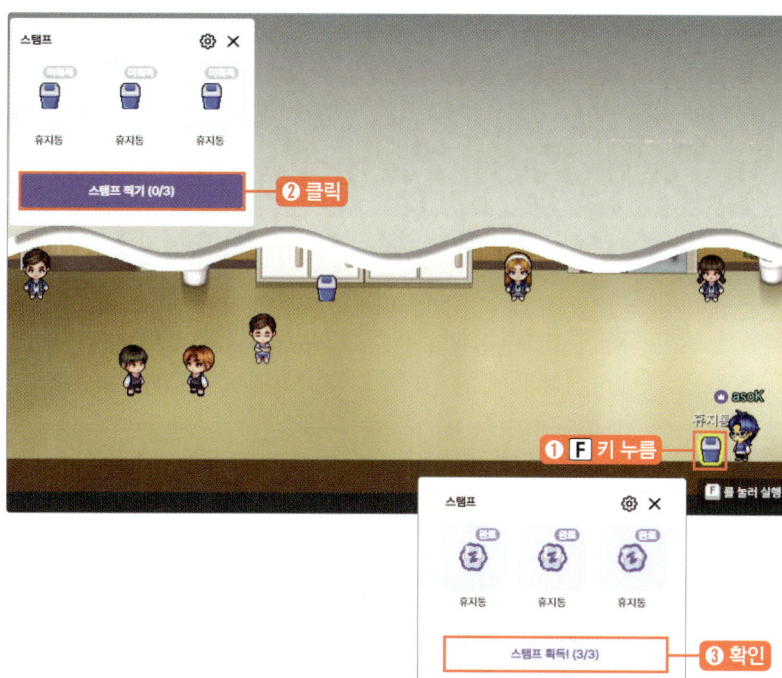

6 이어서, 왼쪽 끝에 있는 [국어 선생님] 오브젝트에 가서 F 키를 눌러 실행하면 스탬프 찍기가 완료됩니다.

7 스탬프를 다시 해보려면 [앱]-[스탬프]를 실행한 다음 [설정]을 클릭합니다. 이어서, [모두 초기화]를 클릭하고 삭제 확인 대화상자가 나오면 <확인> 단추를 클릭합니다.

8 다시 스탬프를 모아서 확인합니다.

CHAPTER 04 에셋 스토어를 이용한 맵 만들기 **031**

 # 04 미션 수행하기

📁 불러올 파일 : 없음   📁 완성된 파일 : 없음

1 에셋 스토어에서 맵, 오브젝트, 앱을 구매합니다.

- **맵** : 달리기 경기장 공터 맵
- **오브젝트** : 다양한 시민 캐릭터
- **앱** : 탑승

ZEP OFFICIAL | 2023.05.09
달리기 경기장 공터 맵
FREE

ZEP OFFICIAL | 2023.03.02
다양한 시민 캐릭터
FREE

탑승
다양한 탑승 아이템을 사용할 수 있는 앱
FREE

2 스페이스 만들기에서 구매한 맵을 사용하고 맵 에디터로 편집합니다.

- 맵의 이름은 '달리기'로 만들어 봅니다.
- '다양한 시민 캐릭터' 오브젝트를 자유롭게 배치합니다.
- '탑승 앱'을 설치해서 내 아바타를 움직여 봅니다.(E 키를 누르면 탑승에서 하차가 됩니다.)

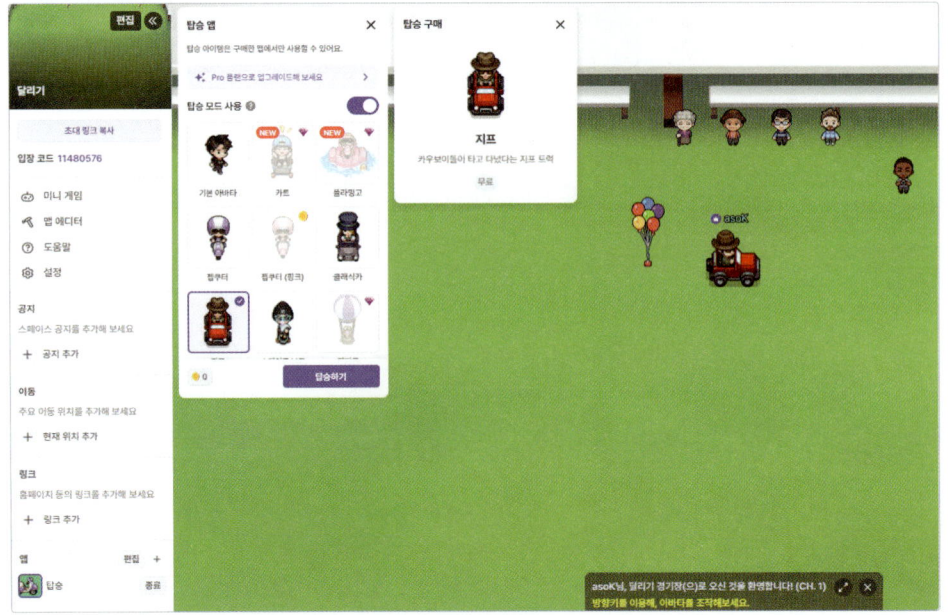

MEMO

CHAPTER 05 타일 효과 알아보기-1

■ 불러올 파일 : 없음   ■ 완성된 파일 : 없음

학습목표 ▶ – 만들어진 맵에 '통과 불가', '스폰'을 적용해 봅니다.
　　　　　　 – 만들어진 맵에 '포털', '지정 영역'을 적용해 봅니다.

1 통과 불가 적용하기

1 ZEP 홈에서 [내 스페이스]-[나의 맵]을 선택합니다.

2 맵이 열리면 [맵 에디터]를 클릭한 다음 상단 툴바에서 [타일 효과]를 클릭하고 '통과 불가'가 자동으로 선택된 것을 확인한 후, 다음과 같이 통과 불가 부분을 만들어 봅니다.

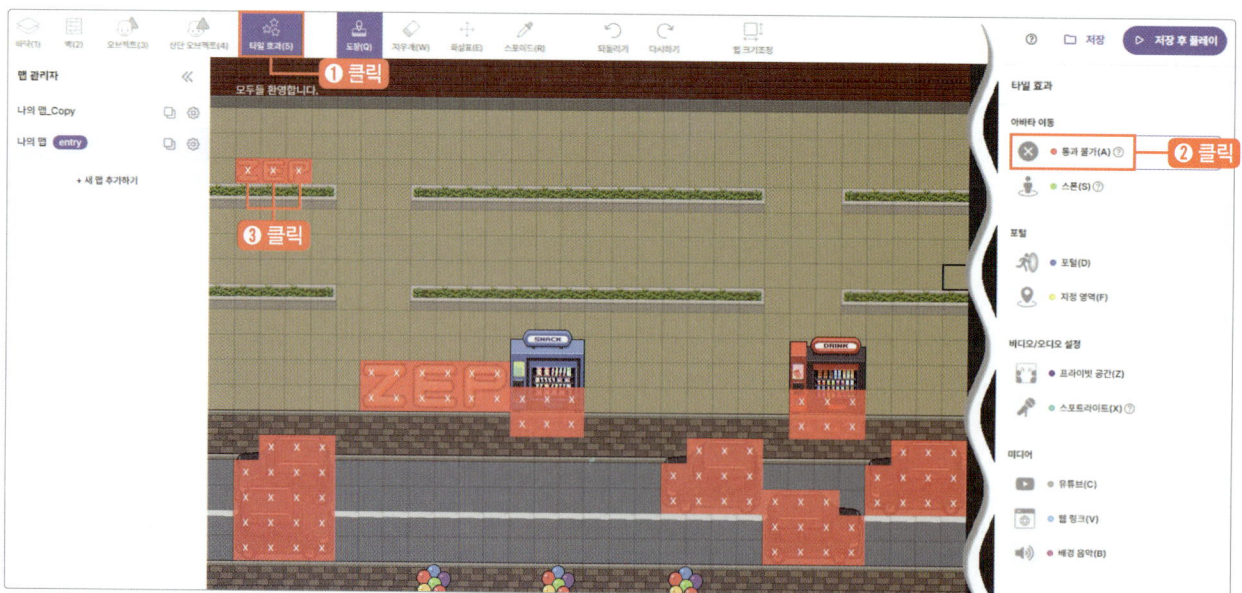

> **TIP** '통과 불가' 부분을 삭제하고 싶으면 상단 툴바에서 [지우개]를 선택하고 통과 불가 영역을 클릭합니다.

3 오른쪽 상단 <저장 후 플레이> 단추를 클릭하고 통과 불가 영역을 이동할 수 있는지 확인합니다.

 ## 스폰, 포털 지정하기

1 [맵 에디터]에서 상단 툴바에서 [타일 효과]를 클릭한 후, '스폰'을 선택하고 다음과 같이 스폰 지점을 만들어 봅니다.

 TIP 스폰의 수가 많으면 랜덤으로 스폰 위치가 정해집니다.

2 오른쪽 상단 <저장 후 플레이> 단추를 클릭하고 내 아바타가 스폰 지점으로 나타나는지 확인합니다.

3 테스트가 끝나면 열린 창을 닫고 [맵 에디터]로 돌아와서 [타일 효과]-[도장]에서 '포털'을 클릭하고 포털은 (맵 내 지정 영역으로 이동), 지정 영역(맵 스폰 영역), 표시 이름(스폰으로 이동), 이동 방법(바로 이동)을 클릭합니다.

4 포털의 위치를 다음과 같이 표시하고 오른쪽 상단 <저장 후 플레이> 단추를 클릭합니다.

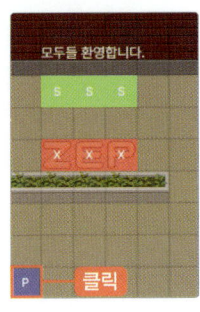

5 맵에서 포털 지점으로 이동하면 다시 스폰 지점으로 이동하는지 확인합니다.

3 지정 영역 알아보기

1 테스트가 끝나면 열린 창을 닫고 [맵 에디터]로 돌아와서 [타일 효과]-[도장]-[지정 영역]에서 영역 이름(1), 너비(1), 높이(1), 표시 이름(1)을 입력하고 맵을 클릭하여 표시합니다.

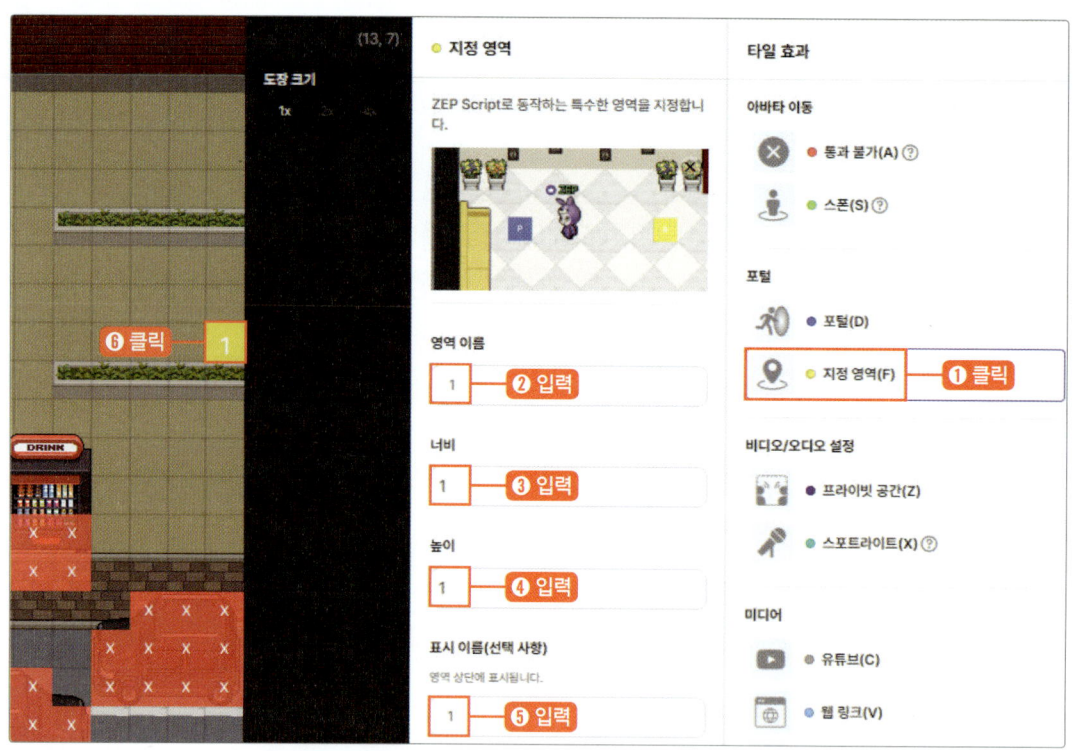

TIP 지정 영역의 크기는 원하는 크기로 지정이 가능합니다. 지정 영역이 크면 그 영역 안에서 랜덤으로 스폰 위치가 정해집니다.

2 [포털]을 클릭하고 포털(맵 내 지정 영역으로 이동), 지정 영역(1), 표시 이름(1번), 이동 방법(바로 이동)을 클릭한 다음 맵에 표시합니다.

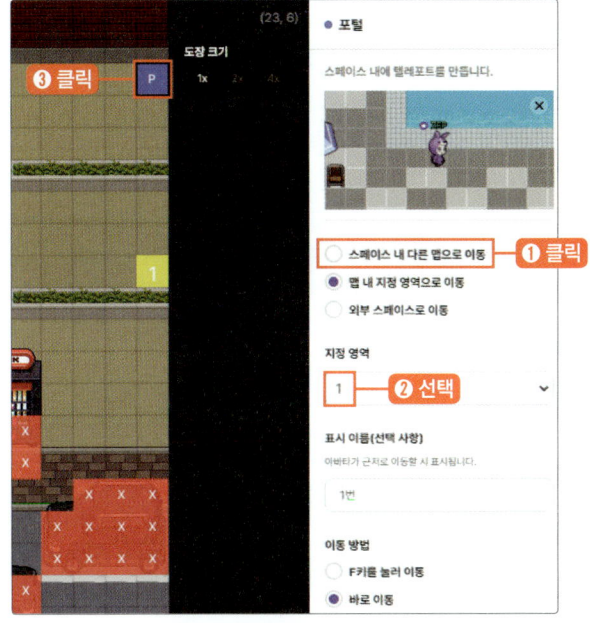

3 [지정 영역]을 클릭하고 영역 이름(2), 너비(1), 높이(1), 표시 이름(2)을 입력하고 맵을 클릭하여 표시합니다.

4 [포털]을 클릭하고 포털(맵 내 지정 영역으로 이동), 지정 영역(2), 표시 이름(2번), 이동 방법(바로 이동)을 클릭하고 맵에 표시합니다.

5 오른쪽 상단 <저장 후 플레이> 단추를 클릭합니다. 이어서, 포털로 가면 지정 영역으로 이동하는지 확인합니다.

4 맵 추가하고 포털 설치하기

1 [맵 에디터]에서 [+새 맵 추가하기]를 클릭합니다.

2 ZEP 맵에서 마음에 드는 맵을 선택하고 이름을 지정합니다.
   - 본 교재에서는 [피크닉 공원]을 선택하였습니다.

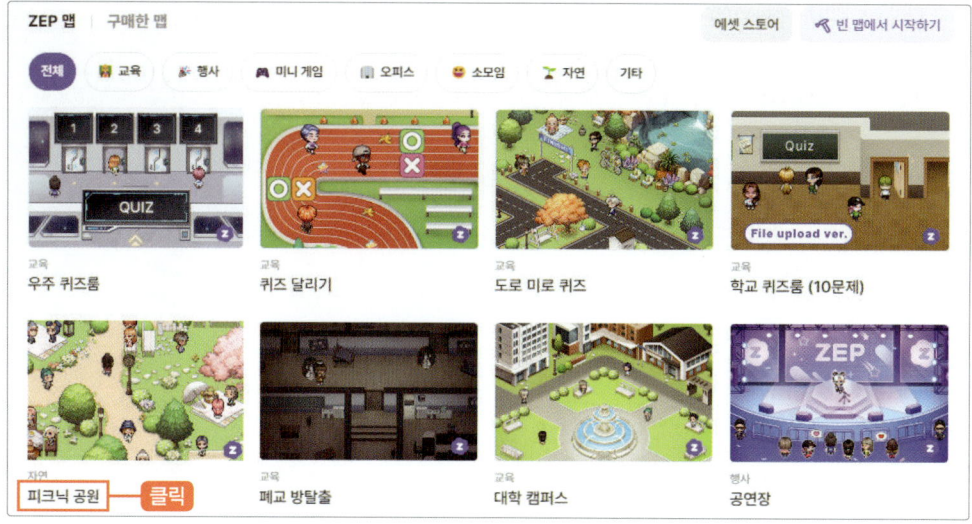

3 [맵 관리자]에 새로운 맵이 추가된 것을 확인하고 [나의 맵]을 클릭합니다.

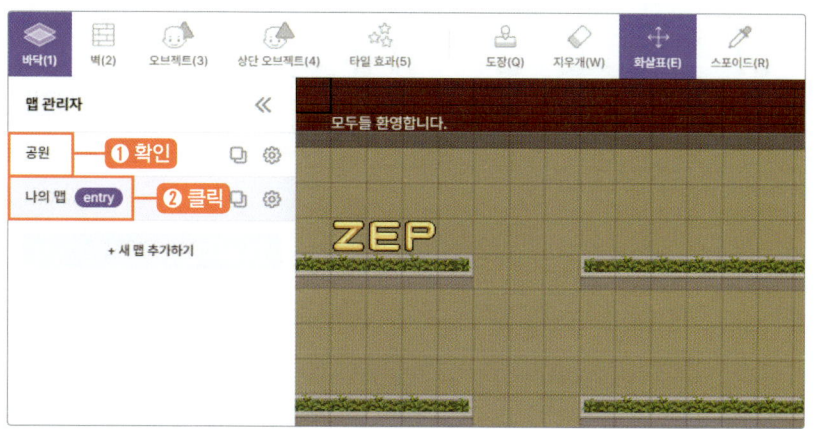

4 [타일 효과]-[도장]-[포털]을 클릭하고 포털(스페이스 내 다른 맵으로 이동), 이동할 맵(공원), 지정 영역(맵 스폰 영역), 표시 이름(공원), 이동 방법(F 키를 눌러 이동)을 클릭하고 맵에 표시합니다.

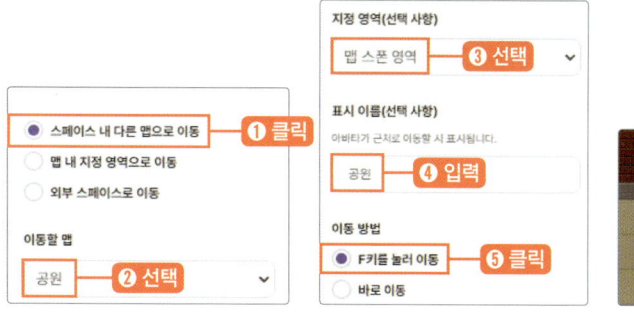
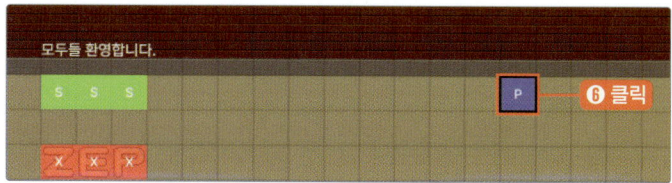

5 <저장 후 플레이> 단추를 클릭한 다음 포털이 정상 작동되는지 확인합니다.

CHAPTER 05 미션 수행하기

1 내 스페이스에서 '나만의 방'을 불러온 다음 '통과 불가'와 '스폰'을 지정합니다.

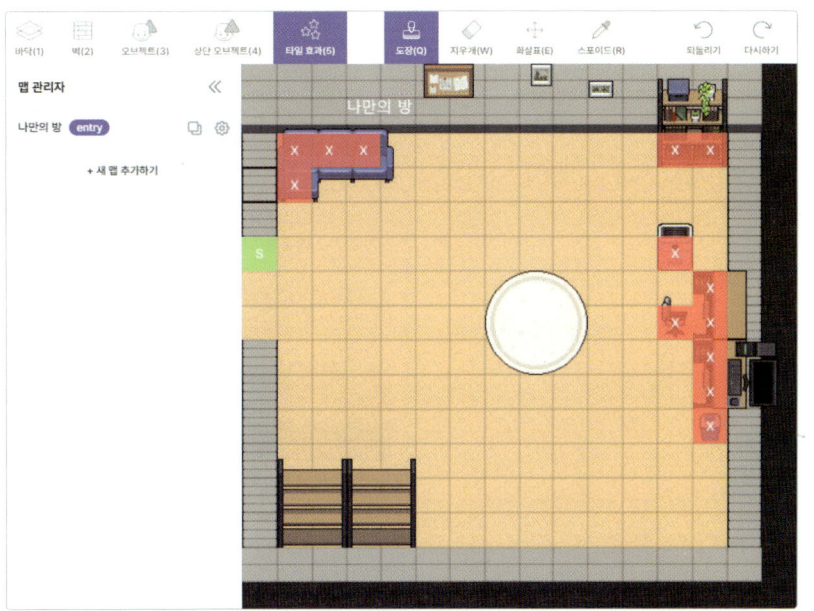

2 새 맵을 추가한 다음 포털을 만들고 추가된 맵에도 포털을 만들어 '나만의 방'과 새로운 맵을 자유롭게 이동하도록 만들어 봅니다.

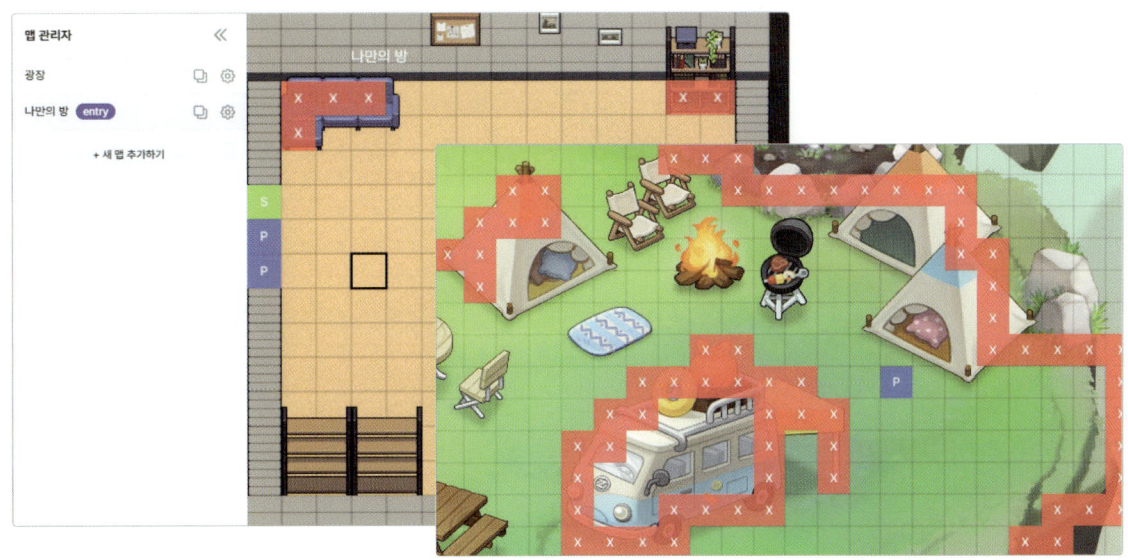

CHAPTER 06 타일 효과 알아보기-2

📁 불러올 파일 : 링크주소.txt   📁 완성된 파일 : 없음

학습목표 - 만들어진 맵에 '프라이빗 공간', '스포트라이트'를 적용해 봅니다.
- 만들어진 맵에 '유튜브', '웹 링크', '배경 음악'을 적용해 봅니다.

1 프라이빗 공간 적용하기

1. ZEP 홈에서 [내 스페이스]-[우리 학교]를 선택합니다.

2. 맵이 열리면 [맵 에디터]를 클릭한 다음 상단 툴바에서 [오브젝트]-[도장]을 선택하고 [사무실]-[쇼파] 오브젝트를 다음과 같이 배치해 봅니다.

3. 상단 툴바에서 [타일 효과]를 클릭한 후, [비디오/오디오 설정]-[프라이빗 공간]을 선택하고 영역ID(1)을 입력합니다.

   ※ '영역ID'는 프라이빗 공간의 방 번호로 숫자로 방을 구분합니다.

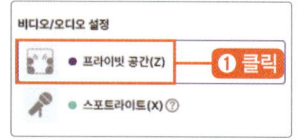

4 프라이빗 공간을 다음과 같이 [쇼파] 위에 표시합니다.

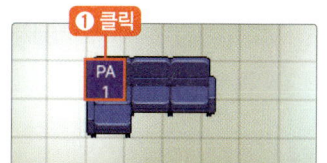 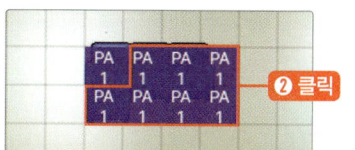

5 <저장 후 플레이> 단추를 클릭하고 프라이빗 공간을 확인해 봅니다. 프라이빗 공간에 진입을 하면 프라이빗 공간을 제외한 주변이 어두워집니다.

※ '프라이빗 공간은 지정된 영역으로 채팅, 오디오, 비디오로 소통해도 영역 밖에서는 그 내용을 알 수 없습니다.

> **TIP** 프라이빗 공간에서 머리 부분이 프라이빗 공간에 나갔을 때는 프라이빗 공간을 [통과 불가 프라이빗 영역]으로 설정합니다.
>
>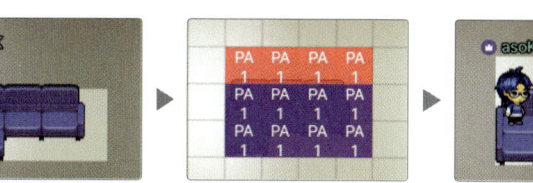

2 스포트라이트 적용하기

1 [맵 에디터]의 상단 툴바에서 [타일 효과]-[비디오/오디오 설정]-[스포트라이트]를 선택한 후, 맵에 스포트라이트 영역을 만들어 줍니다.

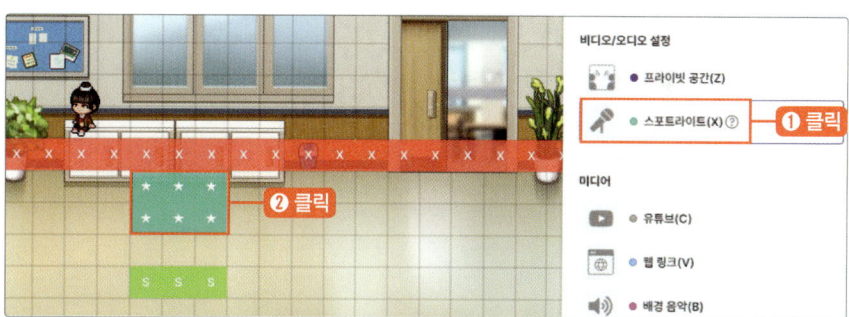

2 <저장 후 플레이> 단추를 클릭하고 스포트라이트 공간을 확인해 봅니다. 스포트라이트 공간에 진입을 하면 오른쪽 상단 내 아바타 표시 창에 스피커 그림이 활성화가 됩니다.

3. 왼쪽 메뉴 [설정]을 클릭한 후, [학교 복도 맵_에셋 스토어]를 선택한 다음 [채팅 기능]을 클릭하여 비활성화하고 하단에 <저장> 단추를 클릭합니다.

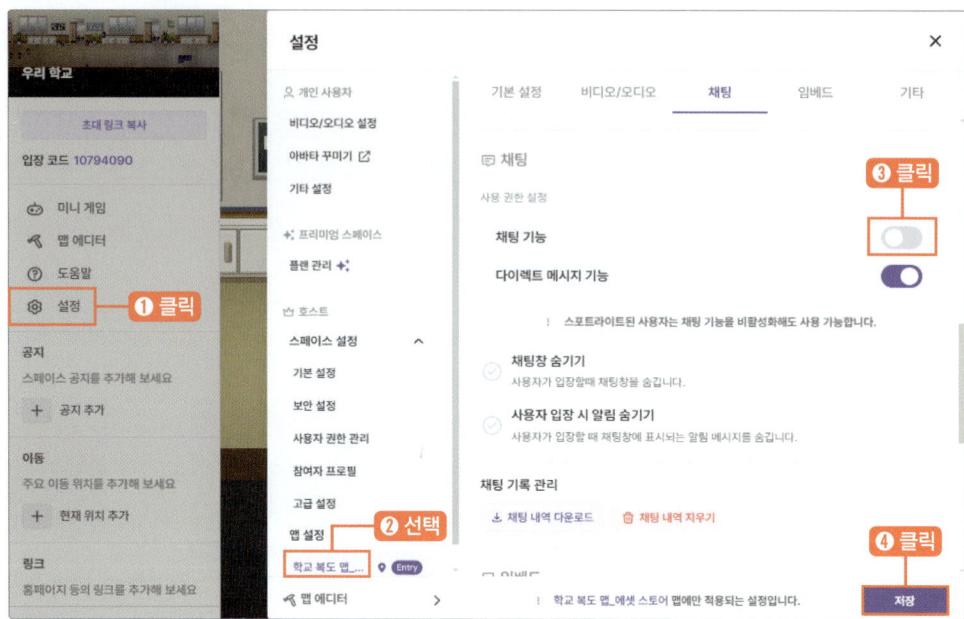

4. 채팅 기능을 비활성화하면 맵 관리자는 채팅이 가능하지만 초대하여 들어온 다른 사람은 채팅이 비활성화 되어 있는 것을 확인할 수 있습니다.

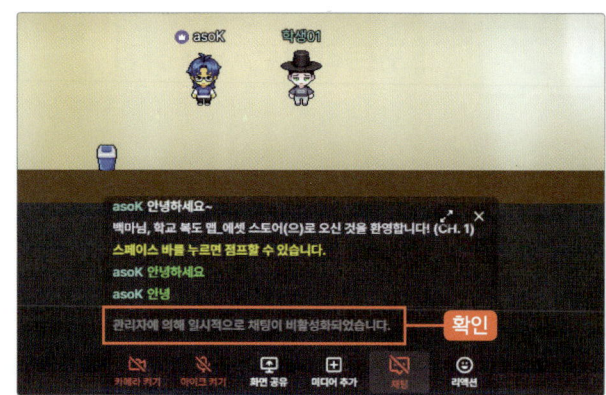

5. 초대된 사람이 스포트라이트 영역에 들어오면 채팅을 할 수 있게 됩니다.

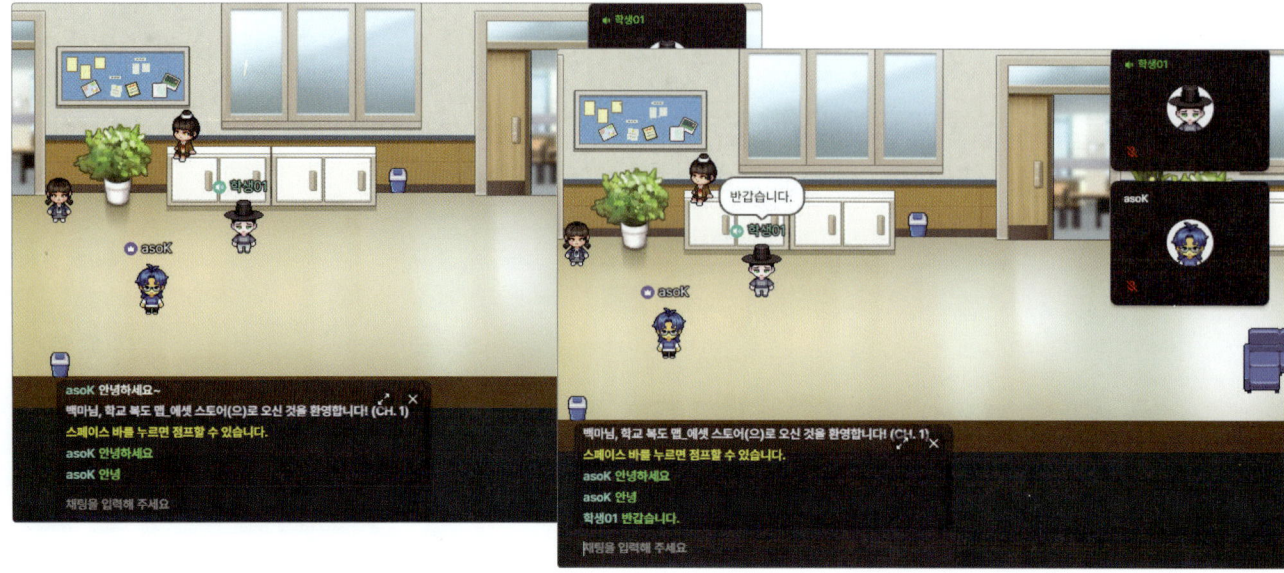

 **미디어 연결하기**

1. 유튜브를 연결하기 위해서 [파일 탐색기]를 실행한 다음 [불러올 파일]-[CHAPTER 06]-'링크주소.txt'를 더블클릭합니다. 이어서, 'K마블 인트로' 주소를 복사합니다.

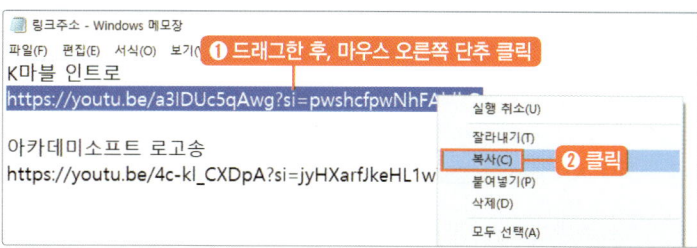

2. [맵 에디터]의 상단 툴바에서 [타일 효과]-[미디어]-[유튜브]를 선택한 후, [연결할 유튜브 URL]에 마우스 오른쪽 단추를 눌러 [붙여넣기]를 클릭합니다.

3. 이어서, 너비(12), 높이(8), 재생 방법(바로 재생)을 선택한 다음 영상을 재생할 위치를 클릭합니다.

   ※ '너비'와 '높이'는 동영상이 재생되는 영역의 타일 수량입니다.

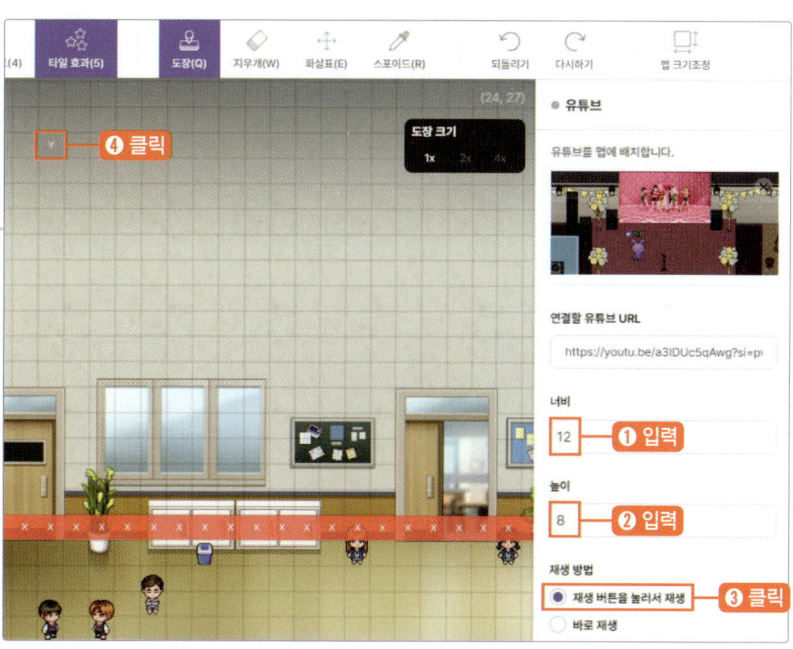

4 웹 링크를 연결하기 위해서 '링크주소.txt' 파일에 '아카데미소프트 홈페이지' 주소를 복사합니다.

5 이어서, [타일 효과]-[미디어]-[웹 링크]를 선택한 후, [연결할 웹 URL]에 주소를 붙여넣은 다음 표시 이름 (아카데미소프트)을 입력한 후, 맵에 표시합니다.

 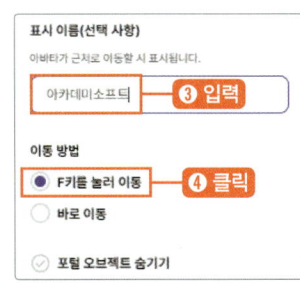 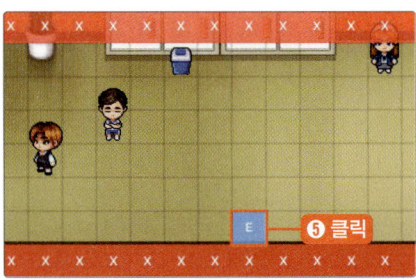

6 같은 방법으로 [배경 음악]을 '링크주소.txt' 파일에서 주소를 복사한 다음 연결해 봅니다.

 # 06 미션 수행하기

1 내 스페이스에서 '나만의 방'을 불러온 다음 '프라이빗 공간'과 '스포트라이트'를 지정합니다.

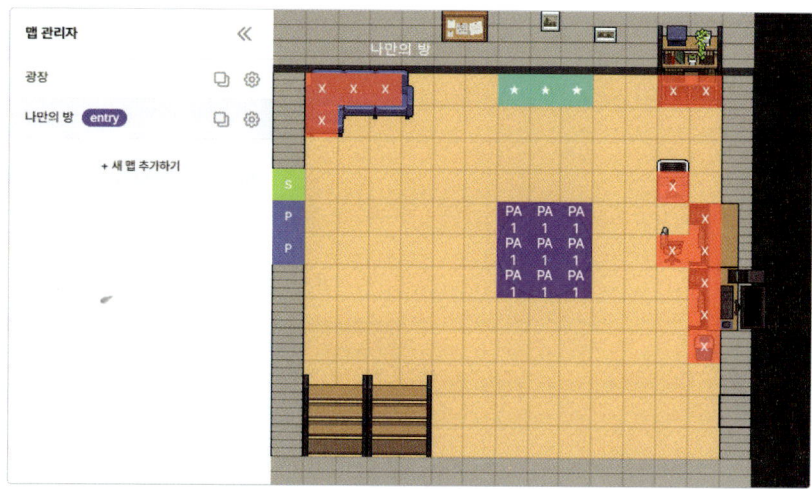

2 내 스페이스에서 '나의 맵'을 불러온 다음 '유튜브'를 맵에 표시해 봅니다.

※ 영상 주소는 [불러올 파일]-[CHAPTER 06]-'링크주소.txt'에서 '아카데미소프트 로고송' 주소를 연결하고 너비(5), 높이(3)으로 지정합니다.

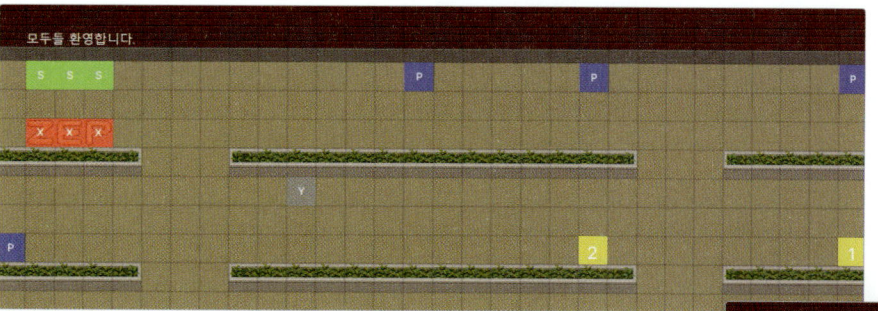

CHAPTER 07 맵 이동하기

■ 불러올 파일 : 없음 ■ 완성된 파일 : 없음

학습목표
- 오브젝트 설정을 적용해 봅니다.
- 새 맵을 추가한 다음 포털로 연결해 봅니다.
- 만들어진 다른 맵으로 연결해 봅니다.

1 새 맵 추가하기

1 ZEP 홈에서 [내 스페이스]-[우리 학교]를 선택합니다.

2 [맵 에디터]-[+새 맵 추가하기]를 클릭한 다음 [템플릿 고르기]-[교육]-[학교 교실] 맵을 선택합니다.

3 [맵 만들기]에서 이름(교실1)을 입력한 다음 <만들기> 단추를 클릭합니다

4 '교실1'이 만들어진 것을 확인한 다음 [학교 방탈출 학생 NPC]를 다음과 같이 배치합니다.
※ 오브젝트는 자유롭게 배치해 봅니다.

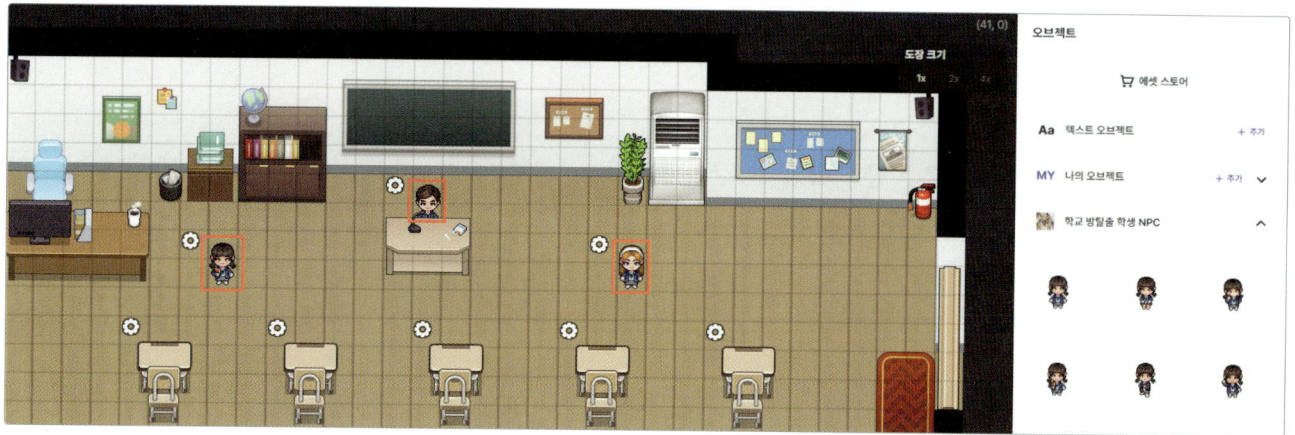

5 회의실도 다음과 같이 오브젝트를 배치합니다.

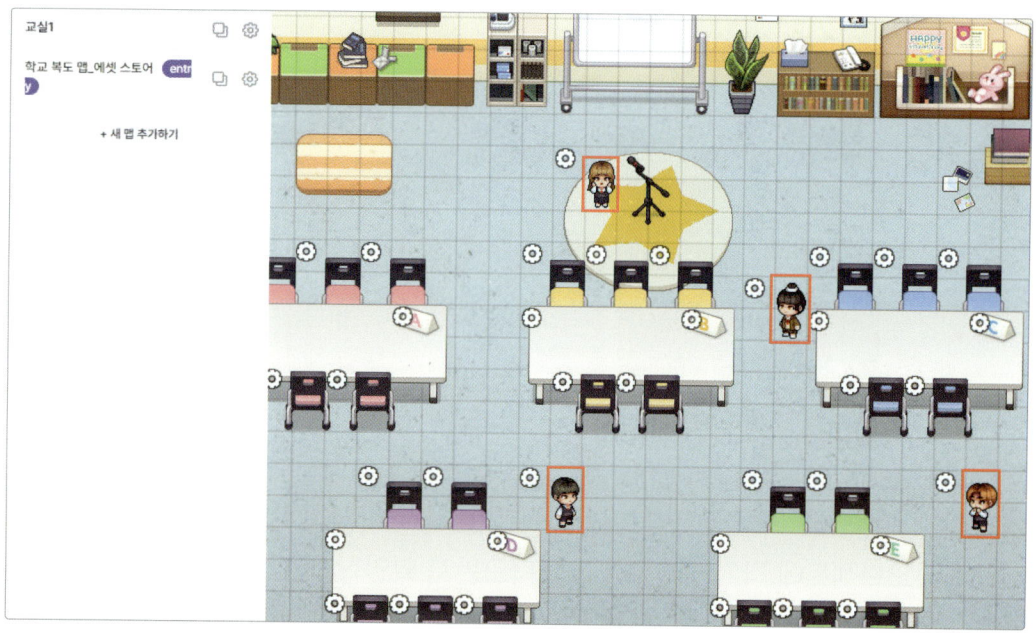

6 배치한 오브젝트에 통과 불과를 설정합니다.

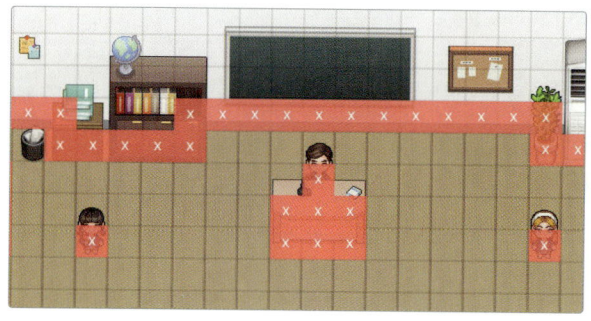

2 오브젝트 설정하기

1. 배치한 오브젝트의 설정을 클릭한 다음 [표시 기능]-[말풍선 표시]를 클릭합니다.

2. 오브젝트 설정에서 유형(말풍선 표시), 이름(예린), 말풍선 종류(랜덤 말풍선), 실행 범위(3), 실행 방법(바로 실행)으로 지정합니다.
   ※ 말풍선 텍스트는 자유롭게 입력합니다.

3. 같은 방법으로 각 오브젝트에 말풍선을 표시한 다음 <저장 후 플레이> 단추를 클릭합니다. 이어서, 각 NPC 오브젝트에 다가가면 말풍선이 나오는지 확인합니다.
   ※ 말풍선 실행 방법은 F 키를 눌러 실행'을 하거나 '바로 실행'으로 자유롭게 지정합니다.

 ## 포털 연결하기

1 [맵 에디터]에서 [타일 효과]-[포털]을 선택한 후, 포털(스페이스 내 다른 맵으로 이동), 이동할 맵(학교 복도 맵_에셋 스토어), 지정 영역(맵 스폰 영역), 표시 이름(복도로 나가기), 이동 방법(바로 이동)으로 지정한 다음 맵에 표시합니다.

2 [맵 관리자]-[학교 복도 앱_에셋 스토어]를 클릭한 다음 [타일 효과]-[포털]을 선택한 후, 포털(스페이스 내 다른 맵으로 이동), 이동할 맵(교실1), 지정 영역(맵 스폰 영역), 표시 이름(교실로 이동), 이동 방법(바로 이동), [포털 오브젝트 숨기기]로 지정한 다음 맵에 표시합니다.

3 <저장 후 플레이> 단추를 클릭합니다. 이어서, 포털로 이동하면 [교실1] 스페이스에 연결이 되는지 확인합니다.

4 외부 스페이스를 연결하기 위해서 [ZEP 홈]으로 이동합니다. 이어서, [나의 맵]을 클릭합니다.

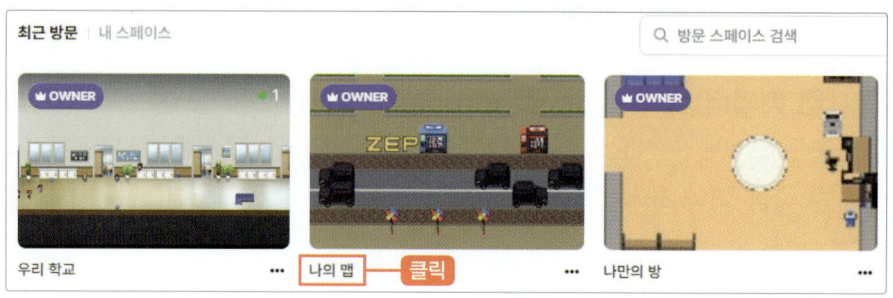

5 [나의 맵] 위쪽 주소에서 맨 뒤 6자리만 영역 지정한 다음 마우스 오른쪽 단추를 눌러 [복사]를 클릭합니다.

※ 외부 스페이스 연결 시 모든 주소를 복사 하는 것이 아닌 '스페이스 ID'만 필요합니다.

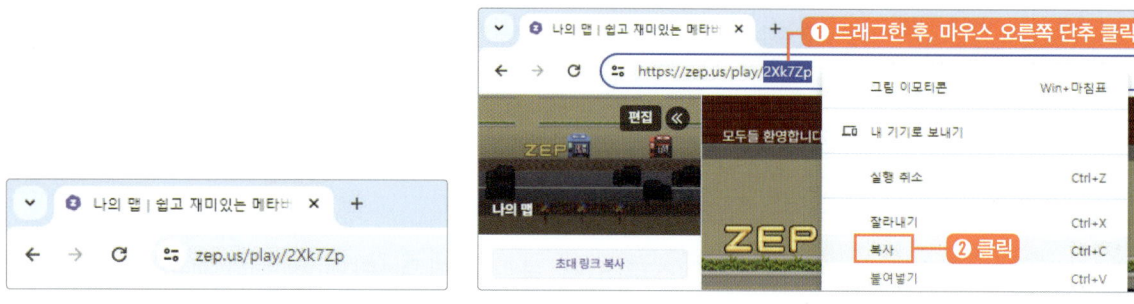

6 [ZEP 홈]으로 이동한 후, [우리 학교]를 클릭합니다. 이어서, [맵 에디터]를 클릭한 다음 포털(외부 스페이스로 이동), 이동할 외부 스페이스의 ID(개인 스페이스 ID), 지정 영역(나의 맵), 표시 이름(나의 맵), 이동 방법(바로 이동)을 선택하고 맵 왼쪽에 포털을 표시합니다.

※ 만들어진 스페이스에 따라서 ID는 다릅니다.

7 <저장 후 플레이> 단추를 클릭합니다. 이어서, 외부 스페이스에 연결이 되는지 확인합니다.

CHAPTER 07 미션 수행하기

■ 불러올 파일 : 없음 ■ 완성된 파일 : 없음

1 내 스페이스에서 '나의 맵'을 불러온 다음 '우리 학교' 스페이스에 포털을 연결합니다.

2 [ZEP 홈]에서 [둘러보기]를 클릭한 다음 마음에 드는 스페이스의 ID를 복사합니다. 이어서, '나의 맵'에서 포털을 연결해 봅니다.

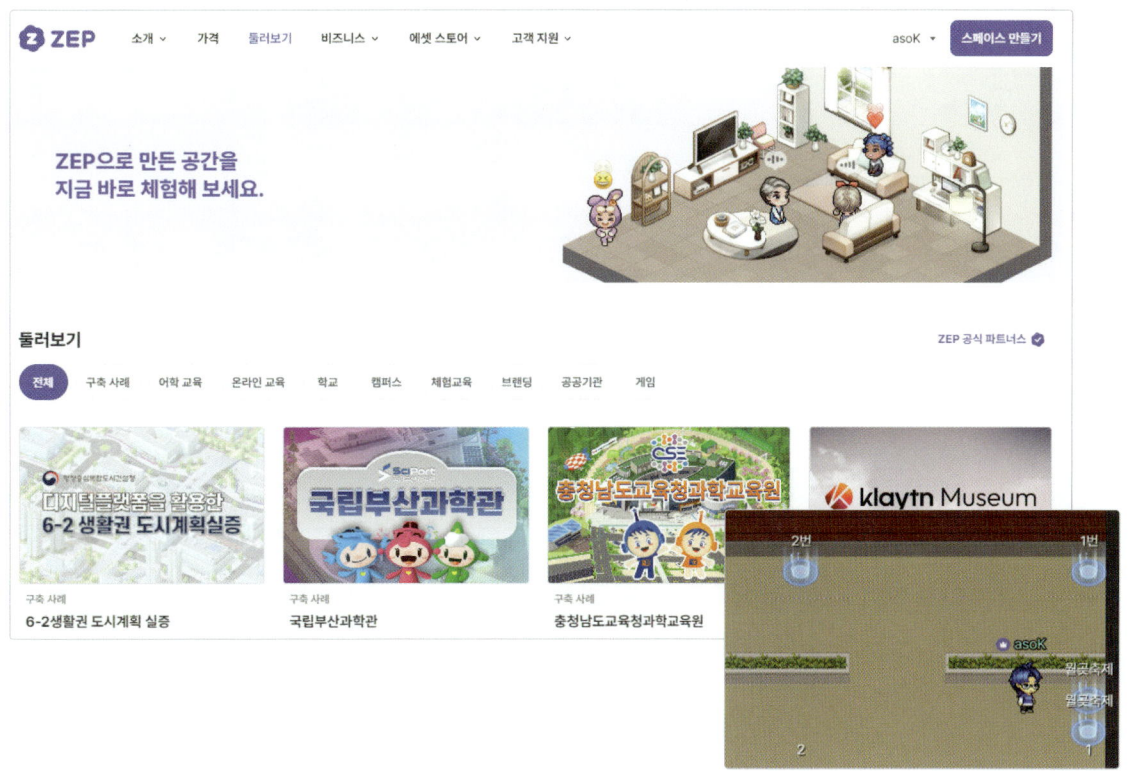

CHAPTER 08 ChatGPT 고양이 알아보기

■ 불러올 파일 : 없음   ● 완성된 파일 : 없음

학습목표
- ChatGPT 고양이 스페이스를 만들고 대화하는 방법을 알아봅니다.
- ChatGPT 고양이와 대화를 하면서 정보를 정리합니다.

 **스페이스 만들기**

1 ZEP 홈에서 <스페이스 만들기> 단추를 클릭한 다음 [템플릿 고르기]-[ZEP 공식 맵]-[교육]에서 "[AI] ChatGPT고양이"를 클릭합니다.

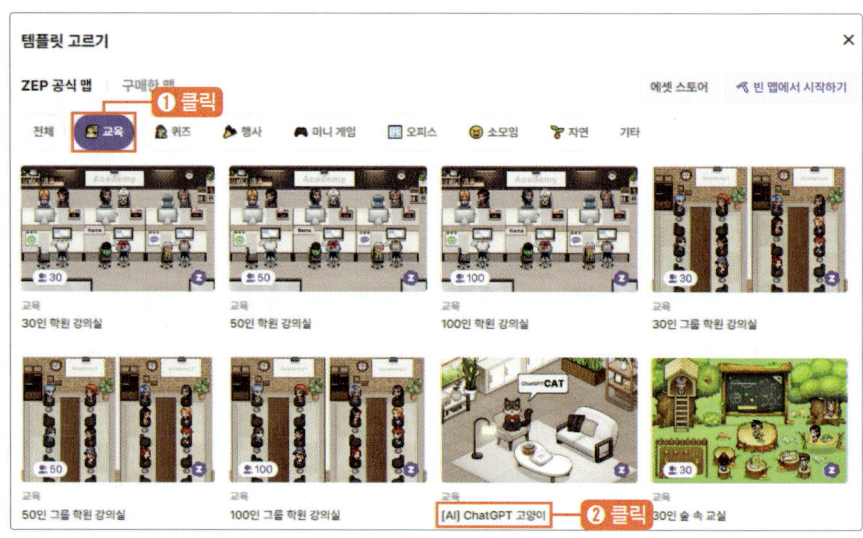

2 [스페이스 설정]에서 스페이스 이름(AI 고양이)을 입력한 다음 <만들기> 단추를 클릭합니다.

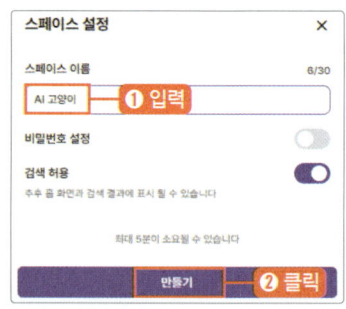

3 스페이스에 입장하면 채팅 창의 AI고양이와 대화하는 방법을 확인합니다.

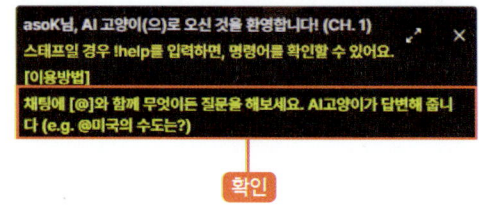

2 AI 고양이와 대화하기

1 AI 고양이와 대화를 하기 위해서 채팅 창에 궁금한 내용을 '@'와 함께 입력합니다.

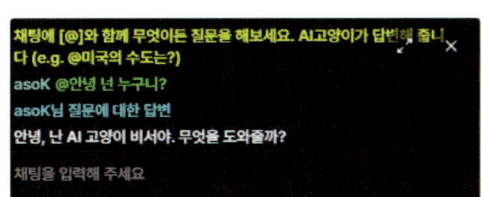

2 오늘의 날씨를 알고 싶으면 AI 고양이와 대화하듯 질문을 입력합니다.
※ 한 번에 많은 주제를 물어보면 정확한 답변이 나오지 않습니다.

3 여행을 하고 싶은 지역을 말하면서 추천 장소를 안내 받아봅니다.

 **정보 정리하기**

1️⃣ 작업 표시줄의 검색을 이용하여 메모장 앱을 실행합니다.

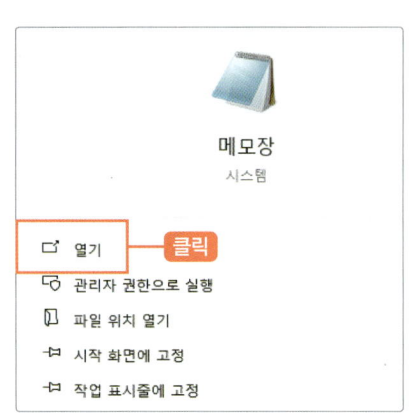 

2️⃣ AI 고양이에게 태양계에 대해서 질문을 합니다.

※ 질문 : @태양계에 대해서 알려줘

> **TIP** **AI 고양이에게 이야기 주제를 바꾸는 방법**
> AI는 하나의 주제로 이야기를 하는 줄 알고 질문에 대한 답변을 다르게 이야기 하기도 합니다. 이럴 땐 다른 주제로 이야기를 하자는 명령을 입력합니다.
> ※ 예) '태양계는 이제 그만하고 다른 주제로 이야기하자', '다른 주제로 이야기 하자', '이야기 주제 초기화' 등
>
>

3 질문에 대한 답변을 드래그한 다음 마우스 오른쪽 단추를 눌러 [복사]를 클릭합니다.

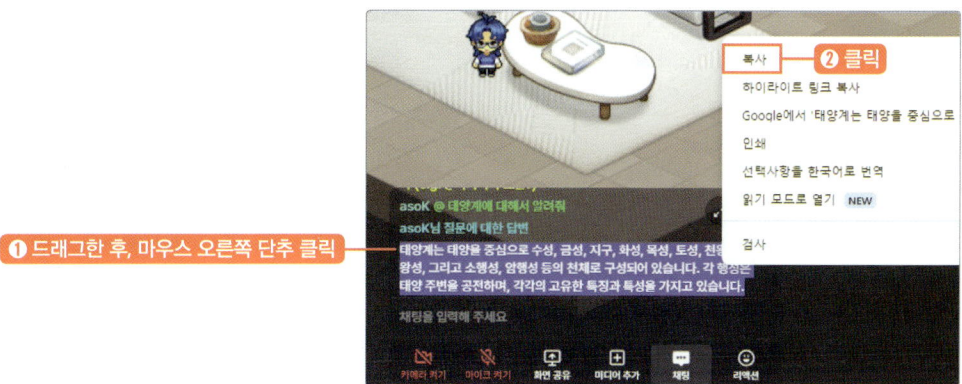

4 메모장으로 이동한 다음 마우스 오른쪽 단추를 눌러 [붙여넣기]를 클릭한 후, 복사된 내용을 확인합니다.

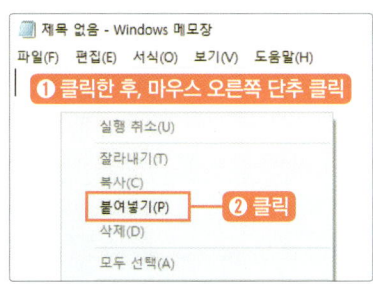 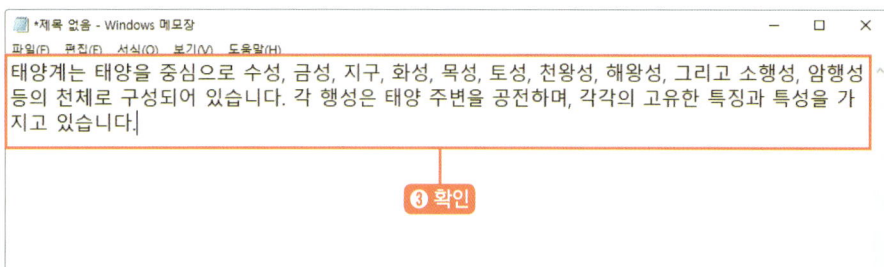

5 AI 고양이에게 각 행성에 대한 설명을 질문합니다.

※ 질문 : @그럼 각 행성에 대해 설명해줘

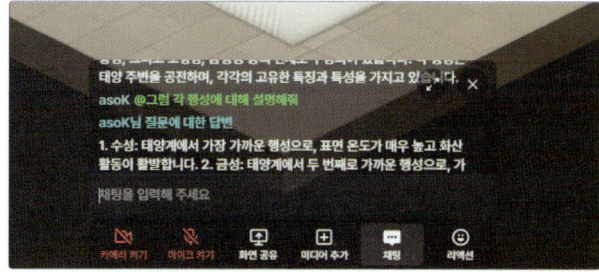

6 행성에 대한 설명이 길기 때문에 [채팅창 확대]를 클릭한 다음 내용을 복사합니다.

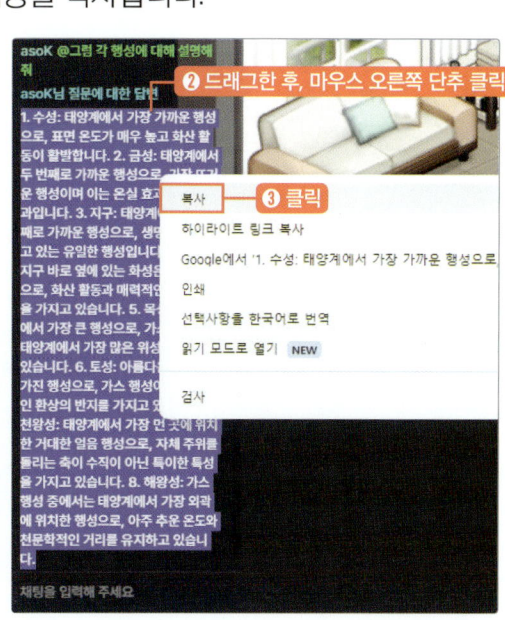
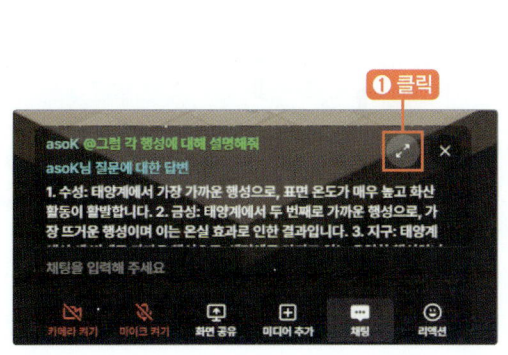

7 메모장에 복사된 내용을 붙여넣기 합니다.

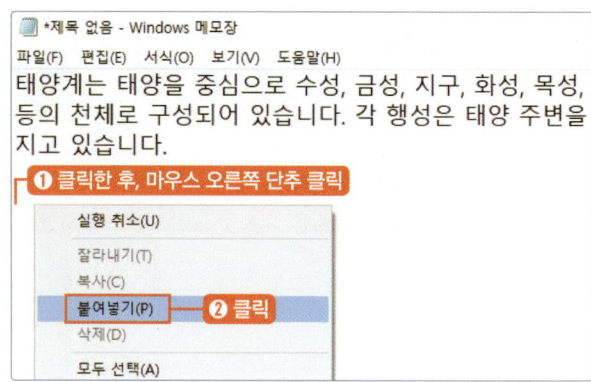

8 복사된 정보를 보기 좋게 정리합니다. 이어서, [파일]-[저장]을 눌러 정리된 내용을 저장합니다.
※ Enter 키를 눌러 정리합니다.

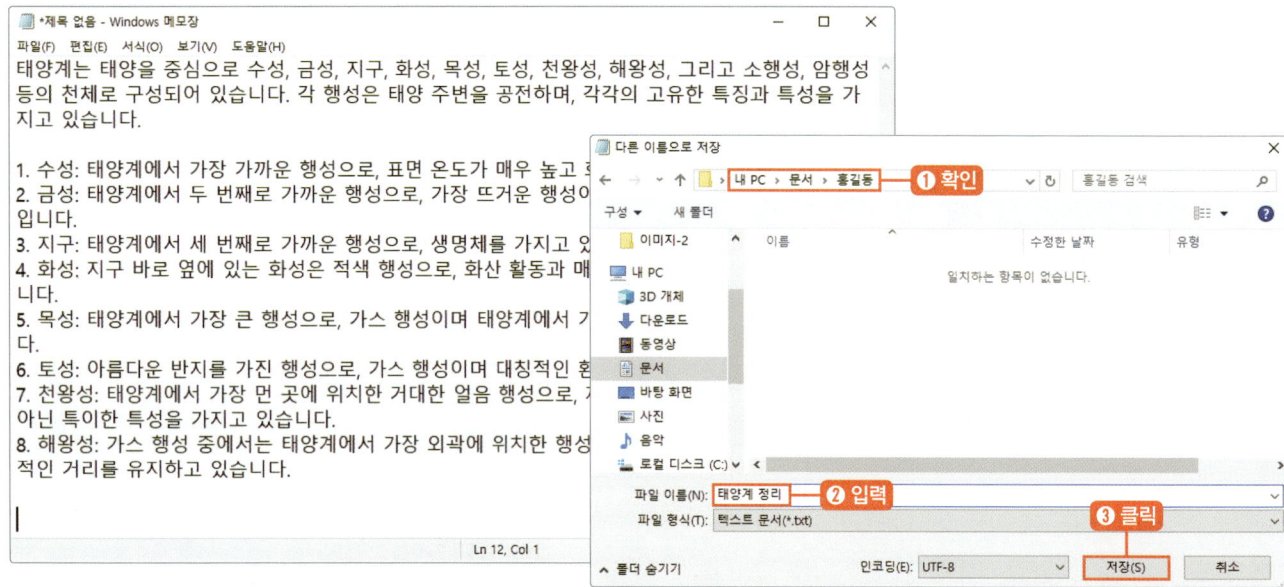

9 대화의 주제가 바뀌지 않는 한 계속 질문을 이어갈 수 있습니다. 다양한 주제로 AI 고양이와 대화를 해봅니다.

08 미션 수행하기

■ 불러올 파일 : 없음   ■ 완성된 파일 : 없음

1 AI 고양이와 세계 각 나라의 수도, 면적, 인구수에 대해 알아본 다음 메모장에 정보를 정리해 봅니다.

CHAPTER 08 ChatGPT 고양이 알아보기 **057**

CHAPTER 09 ChatGPT 고양이의 방 꾸미기

📁 불러올 파일 : 쿠션.png, 고양이 장난감　　■ 완성된 파일 : 없음

학습목표 – ChatGPT 고양이 맵에 새로운 오브젝트를 추가해 봅니다.

1 나의 오브젝트 추가하기

1 ZEP 홈에서 [내 스페이스]를 클릭한 후, [AI 고양이]를 클릭합니다.

2 화면 왼쪽의 [맵 에디터]를 클릭합니다.

3 [맵 에디터] 화면이 나오면 상단 툴바에서 [오브젝트]-[나의 오브젝트]의 <+추가> 단추를 클릭한 다음 <파일 업로드> 단추를 클릭합니다.

※ 파일 업로드 대화상자는 '다시 보지 않기'를 체크하면 다음 업로드부턴 나오지 않습니다.

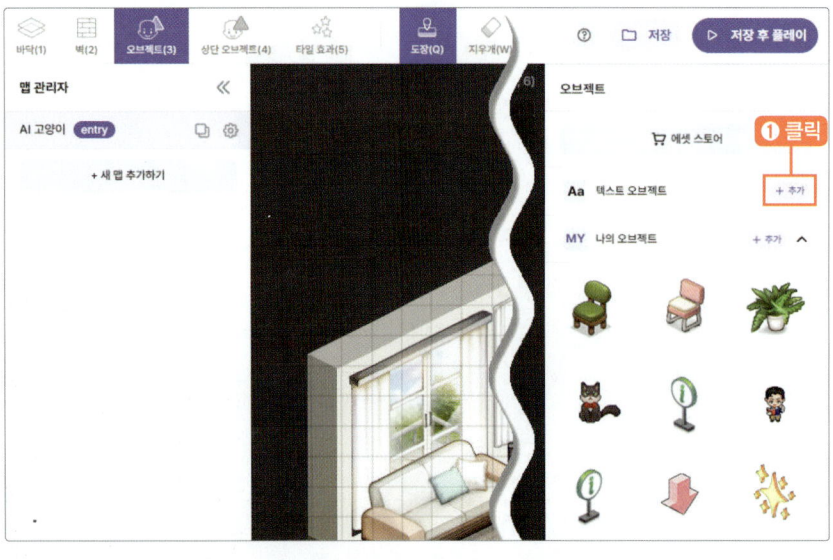

058　메타버스 ZEP

4 [열기] 대화상자가 나오면 [불러올 파일]-[CHAPTER 09]-'쿠션.png' 파일을 선택하고 <열기> 단추를 클릭합니다.

5 [나의 오브젝트]에 추가된 [쿠션]을 다음과 같이 배치해 봅니다. 이어서, 같은 방법으로 다른 오브젝트도 배치해 봅니다.

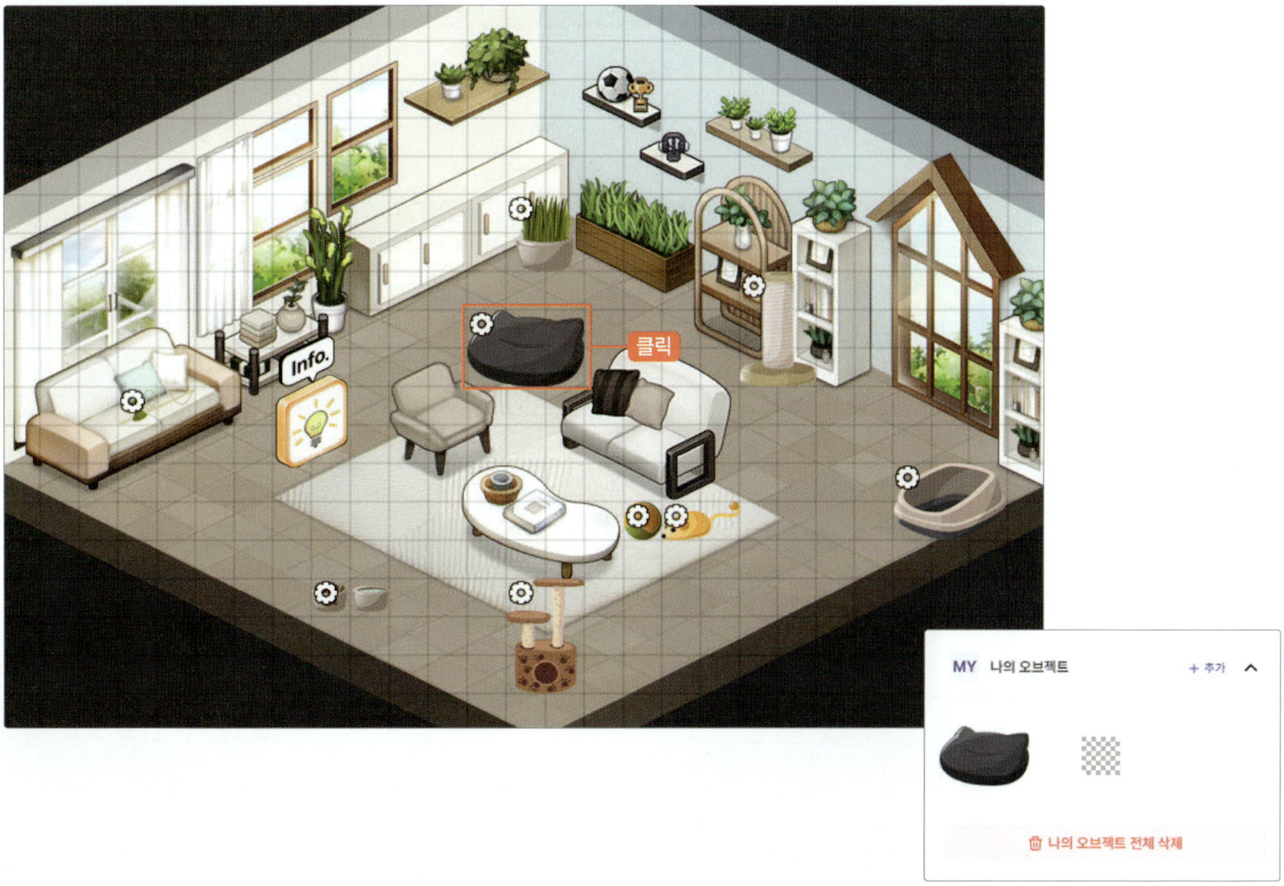

6 오브젝트 배치가 끝났다면 상단 툴바에서 [타일 효과]를 클릭하고 '통과 불가'가 자동으로 선택된 것을 확인한 다음 다음 그림과 같이 '통과 불가' 영역과 '스폰' 영역을 만들어 봅니다.

7 오브젝트 배치와 타일 효과 지정이 끝났다면 오른쪽 상단 <저장 후 플레이> 단추를 클릭해서 맵을 확인해 봅니다.

 ## 09 미션 수행하기

불러올 파일 : 고양이1 ~ 고양이5 ■ 완성된 파일 : 없음

1 [불러올 파일]-[CHAPTER 09]에서 다른 오브젝트를 추가로 배치해 봅니다.

※ [오브젝트]와 [상단 오브젝트]를 적절히 사용하여 맵에서 이동할 때 자연스럽게 보이도록 배치해 봅니다.

2 인공지능 고양이에게 고양이에 관한 궁금한 것들을 물어 봅니다.

예 @고양이와 호랑이는 왜 비슷해?

CHAPTER 09 ChatGPT 고양이의 방 꾸미기

CHAPTER 10 플레이 타운 꾸미기

■ 불러올 파일 : 없음 ■ 완성된 파일 : 없음

학습목표 ▶ – ZEP 맵을 활용하여 상황에 맞게 오브젝트를 배치해 봅니다.
　　　　　　– NPC 오브젝트 말풍선 표시하기.

1 에셋 스토어에서 무료 오브젝트 구매하기

1 ZEP 홈에서 [에셋 스토어]-[오브젝트]를 클릭합니다.

2 오브젝트 선택 화면이 나오면 [다양한 군중 NPC 오브젝트]를 찾아서 클릭한 다음 <구매하기> 단추를 클릭합니다.

　※ 무료 오브젝트는 이름 아래에 'FREE' 표시가 되어 있습니다.

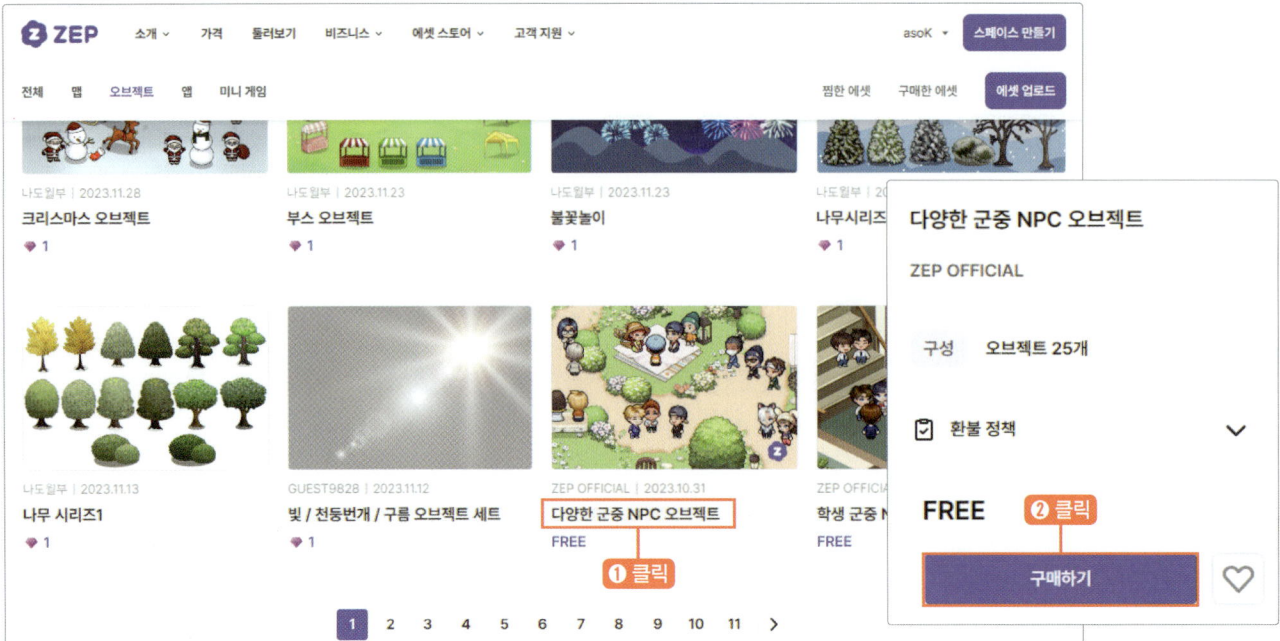

062 메타버스 ZEP

③ 이어서, 같은 방법으로 [학생 군중 NPC 오브젝트], [회사원 군중 NPC 오브젝트], [학교 방탈출 선생님, 기타 인물 NPC], [다양한 직업 캐릭터 1], [행사 가이드 캐릭터], [다양한 시민 캐릭터], [학교 친구들 캐릭터]를 추가합니다.

ZEP OFFICIAL | 2023.10.31
학생 군중 NPC 오브젝트
FREE

ZEP OFFICIAL | 2023.10.31
회사원 군중 NPC 오브젝트
FREE

ZEP OFFICIAL | 2023.04.12
학교 방탈출 선생님, 기타 인물 NPC
FREE

ZEP OFFICIAL | 2023.03.07
다양한 직업 캐릭터 1
FREE

ZEP OFFICIAL | 2023.03.02
행사 가이드 캐릭터
FREE

ZEP OFFICIAL | 2023.03.02
다양한 시민 캐릭터
FREE

ZEP OFFICIAL | 2023.03.02
학교 친구들 캐릭터
FREE

2 스페이스 만들기

① ZEP 화면 오른쪽 상단 <스페이스 만들기> 단추를 클릭한 후, [템플릿 고르기]-[ZEP 공식 맵]-[행사]-[플레이 타운]을 선택하고 스페이스 이름(플레이 타운 꾸미기)을 입력한 다음 <만들기> 단추를 클릭합니다.

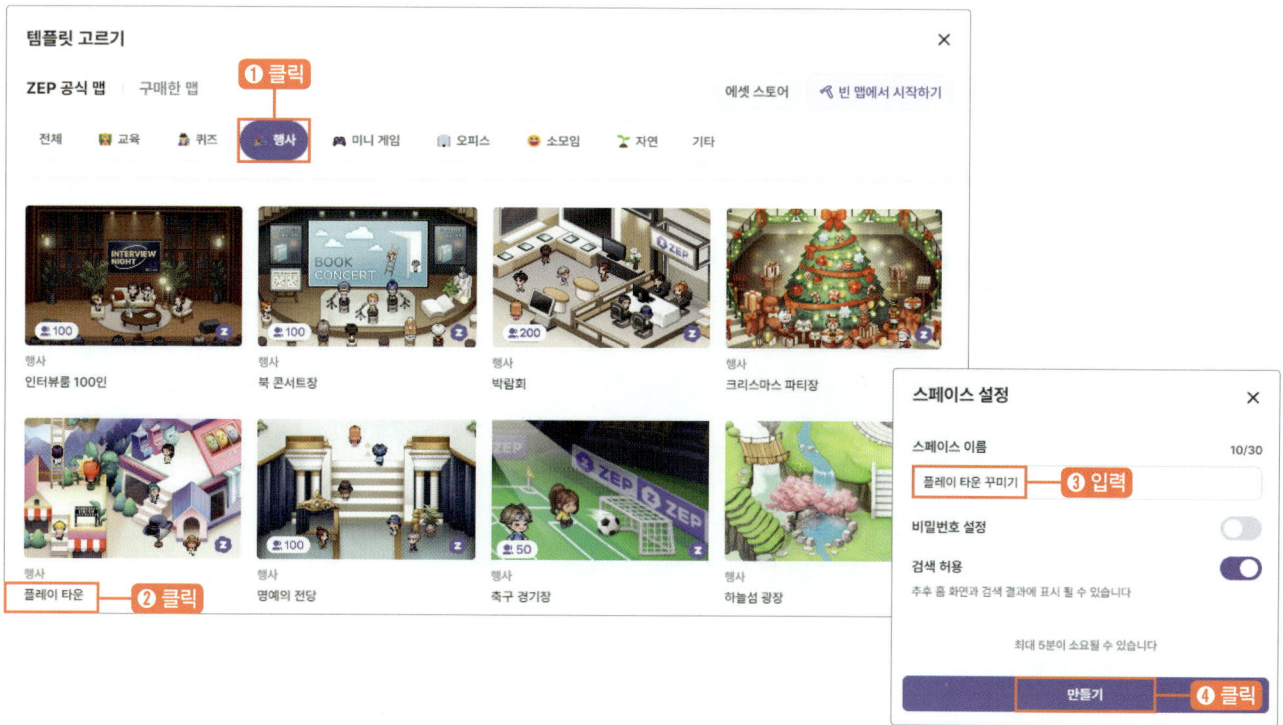

CHAPTER 10 플레이 타운 꾸미기 **063**

2 스페이스가 열리면 화면 왼쪽의 [맵 에디터]를 클릭합니다.

3 [맵 에디터] 화면이 나오면 상단 툴바에서 [화살표]를 클릭하고 맵을 드래그하여 화면을 이동한 후, [오브젝트]-[도장]을 선택한 다음 [학생 군중 NPC 오브젝트], [학교 방탈출 선생님], [기타 인물 NPC]에서 각각의 NPC들을 찾아 다음과 같이 배치해 봅니다.

3 NPC 오브젝트 말풍선 표시하기

1 [오브젝트]-[도장]을 차례대로 클릭하고 [경찰] 오브젝트에서 [설정(⚙)] 클릭한 다음 [말풍선 표시]를 클릭합니다. 이어서, 말풍선 종류(고정 말풍선), 말풍선 텍스트(안전 규칙을 준수해 주세요), 실행 범위(10), 실행 방법(바로 실행)을 선택합니다.

064 메타버스 ZEP

2 오른쪽 상단 <저장 후 플레이> 단추를 클릭합니다.

3 [경찰] 오브젝트의 주위를 돌아다니면서 말풍선이 잘 표시되는지 확인해 봅니다.

4 같은 방법으로 다른 NPC 오브젝트에 말풍선을 표시해 봅니다.

# 10 미션 수행하기

1 다른 NPC 오브젝트에도 자유롭게 말풍선을 표시해 봅니다.

2 에셋 스토어에서 다른 무료 오브젝트를 살펴보고 추가로 구매해서 배치해 봅니다.

※ [오브젝트]와 [상단 오브젝트]를 적절히 사용하여 맵 이곳 저곳을 이동할 때 자연스럽게 보일 수 있도록 배치해 봅니다.

MEMO

CHAPTER 11 컨트리 하우스에 내 방 만들기

완성작품 미리보기

■ 불러올 파일 : 없음   ■ 완성된 파일 : 없음

학습목표 ▸ - ZEP 맵을 활용하여 상황에 맞게 오브젝트를 배치해 봅니다.

에셋 스토어에서 무료 오브젝트 구매하기

① ZEP 홈에서 [에셋 스토어]-[오브젝트]를 클릭합니다.

② 오브젝트 선택 화면이 나오면 [학교 학용품 오브젝트]를 클릭한 후, <구매하기> 단추를 클릭합니다.

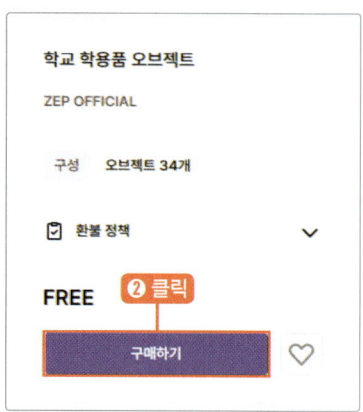

③ 이어서, 같은 방법으로 [하우스 파티 오브젝트(iso)], [시크 하우스 오브젝트(iso)], [내추럴 하우스 오브젝트(iso)], [모던 하우스 오브젝트(iso)]를 추가합니다.

 ## 스페이스 만들기

1. ZEP 화면 오른쪽 상단 <스페이스 만들기> 단추를 클릭한 후, [템플릿 고르기]-[ZEP 공식 맵]-[소모임]-[컨트리 하우스]를 선택하고 스페이스 이름(시골집)을 입력한 다음 <만들기> 단추를 클릭합니다.

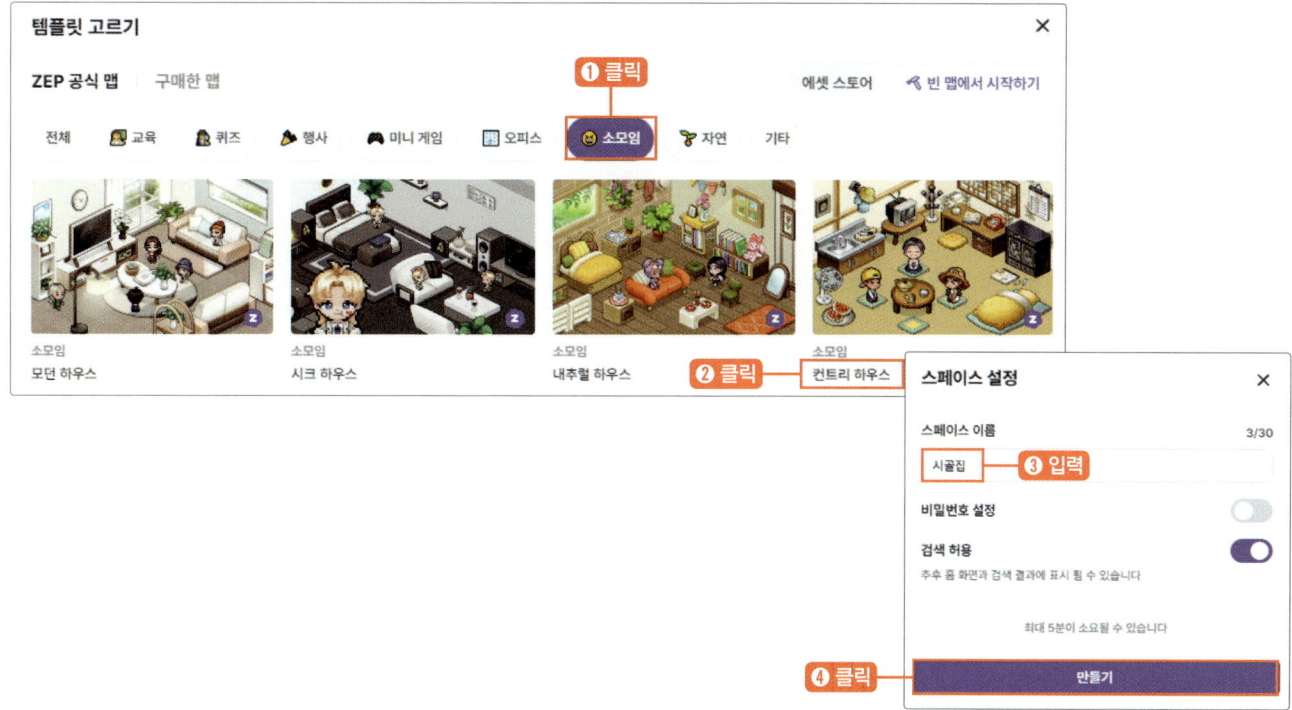

2. 스페이스가 열리면 화면 왼쪽의 [맵 에디터]를 클릭합니다.

3. [맵 에디터] 화면이 나오면 왼쪽 [맵 관리자]에서 [시골집(맵 복사(□))]를 클릭합니다.

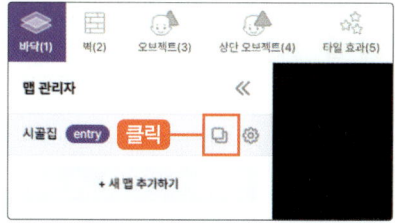

4. 맵이 복사되면 'Copy_시골집'의 맵 설정(⚙)을 클릭하고 이름(내 방)을 입력한 다음 <저장> 단추를 클릭합니다.

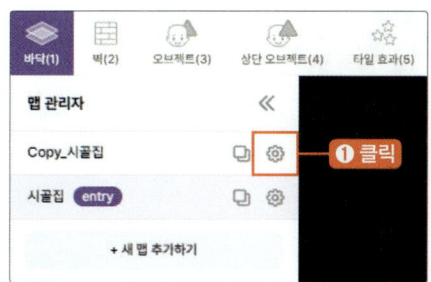

CHAPTER 11 컨트리 하우스에 내 방 만들기 **069**

 **오브젝트 변경하기**

1 왼쪽 [맵 관리자]에서 [내 방]을 클릭한 후, [오브젝트]-[지우개]와 [상단 오브젝트]-[지우개]를 이용하여 기존에 있는 오브젝트를 다음과 같이 삭제해 줍니다.

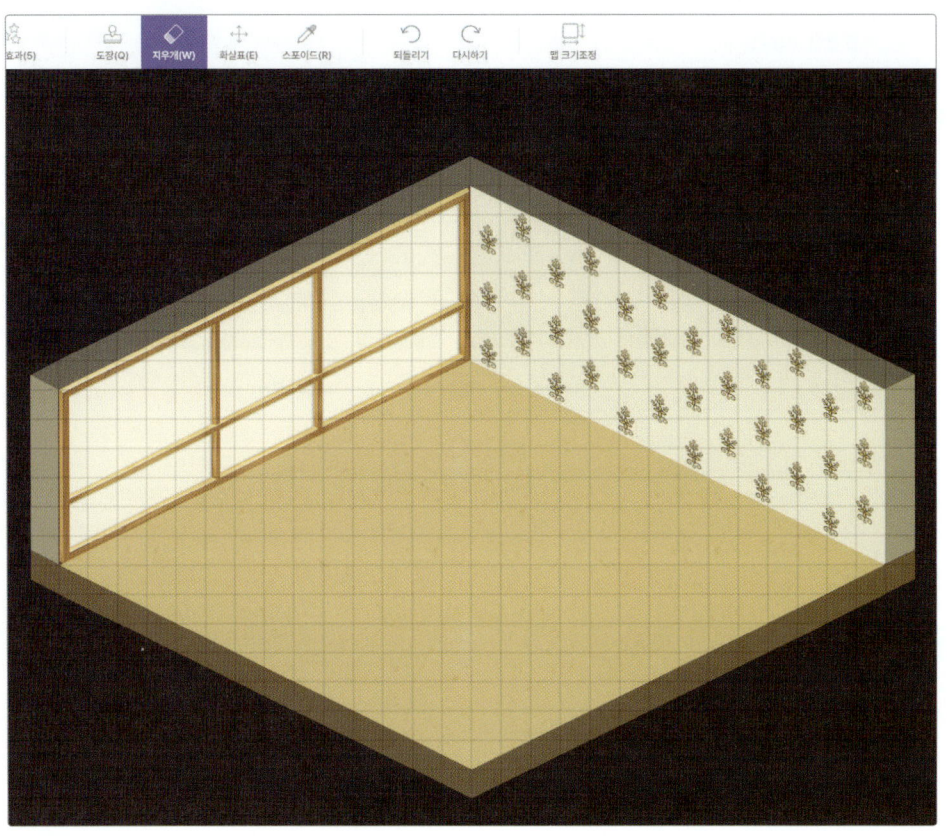

2 [오브젝트]-[도장]을 선택한 다음 구입한 오브젝트에서 해당 오브젝트를 찾아서 다음과 같이 배치해 봅니다.
※ 오브젝트 속성의 '회전 및 반전', '크기 조절(%)', '위치 조정(px)'을 사용하여 배치해 봅니다.

3. 오브젝트 배치를 마치고 상단 툴바에서 [타일 효과]를 클릭하면 기존에 설정되어 있던 타일 효과가 나타납니다. 만들어진 타일 효과를 [지우개]를 이용하여 삭제한 후, 다음과 같이 [통과 불가] 및 [스폰] 영역을 다시 지정해 봅니다.

※ [지우개]를 사용할 때 도장 크기(4x)로 설정하면 빠르게 삭제할 수 있습니다.

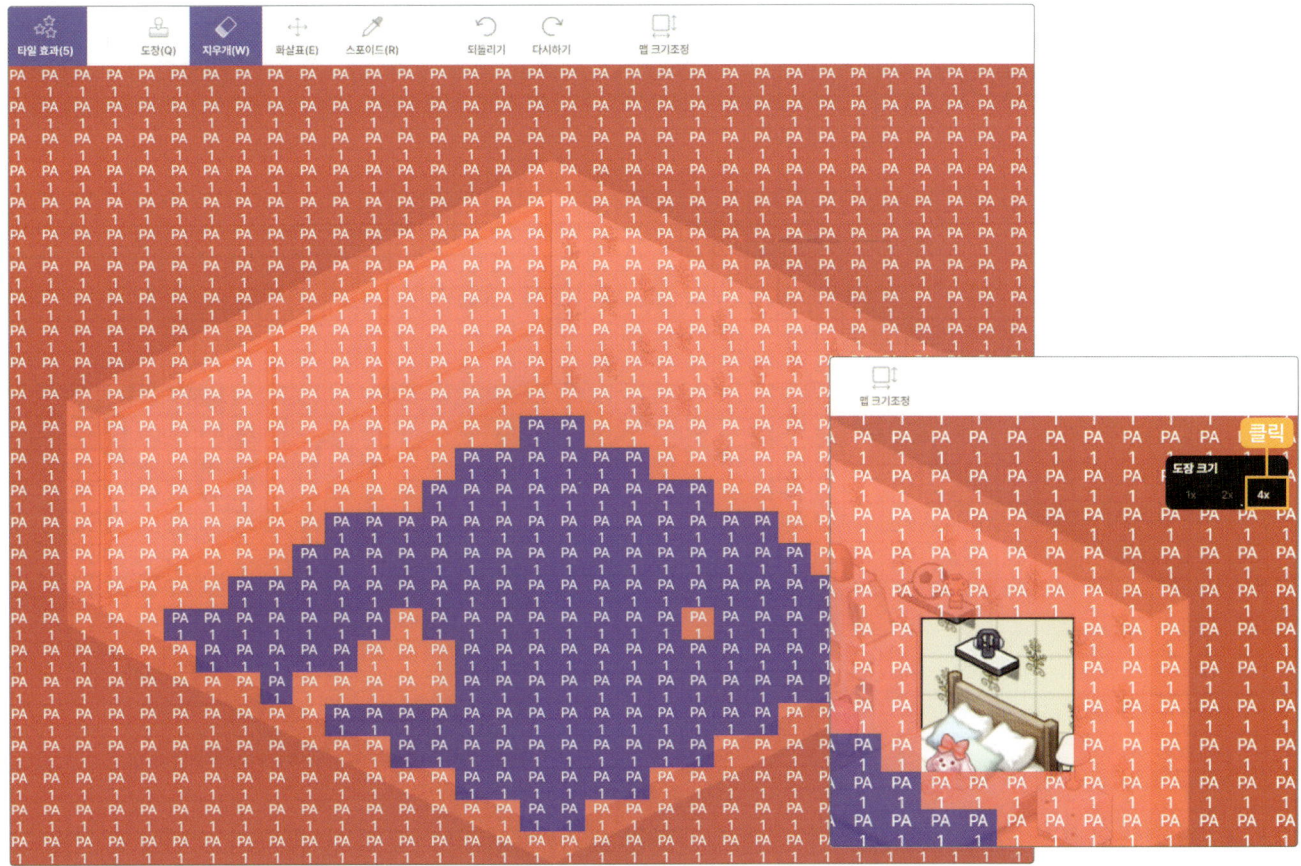

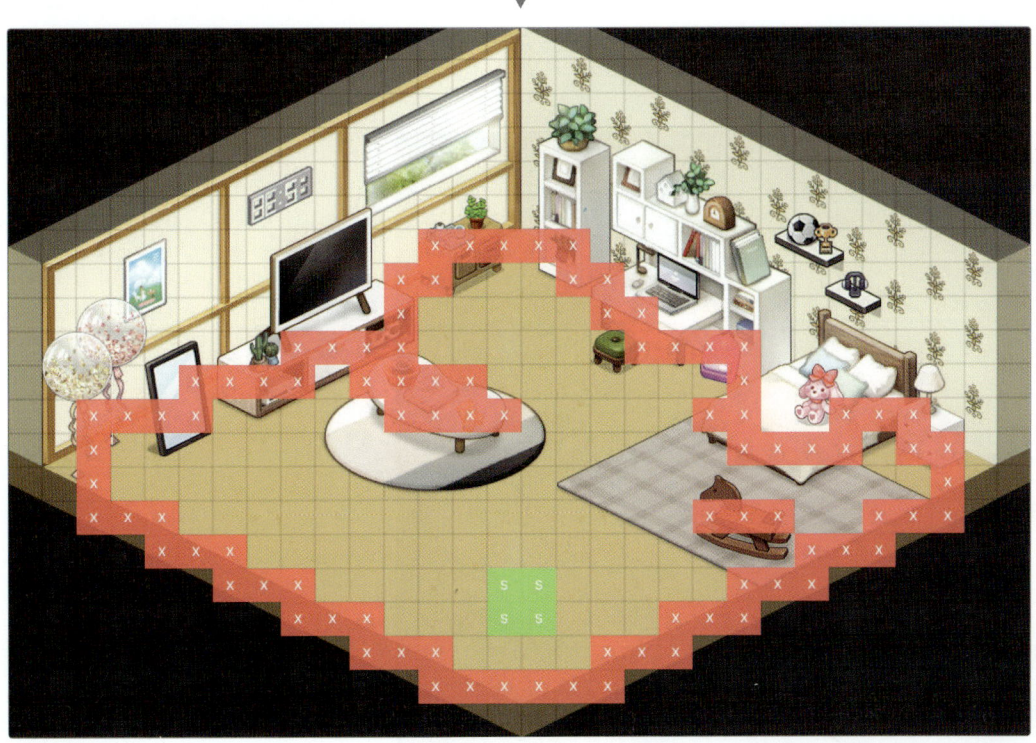

4️⃣ 오른쪽 상단 <저장 후 플레이> 단추를 클릭합니다.

5️⃣ [내 방] 스페이스를 돌아다니면서 타일 효과 지정이 잘 되었는지 확인해 봅니다.

4 포털 설정하기

1️⃣ 화면 왼쪽의 [맵 에디터]를 클릭합니다.

2️⃣ 화면 상단의 [상단 오브젝트]-[도장]을 클릭한 후, 오브젝트 속성에서 [모던 하우스 오브젝트]-[문]을 클릭하여 다음과 같이 맵에 배치해 봅니다.

3️⃣ 화면 상단의 [타일 효과]-[도장]을 클릭한 후, [타일 효과] 속성에서 [포털]을 클릭하고 포털 속성을 다음과 같이 포털(스페이스 내 다른 맵으로 이동), 이동할 맵(컨트리 하우스), 이동 방법 (F 키를 눌러 이동), [포탈 오브젝트 숨기기]를 체크한 다음 맵에 표시합니다.

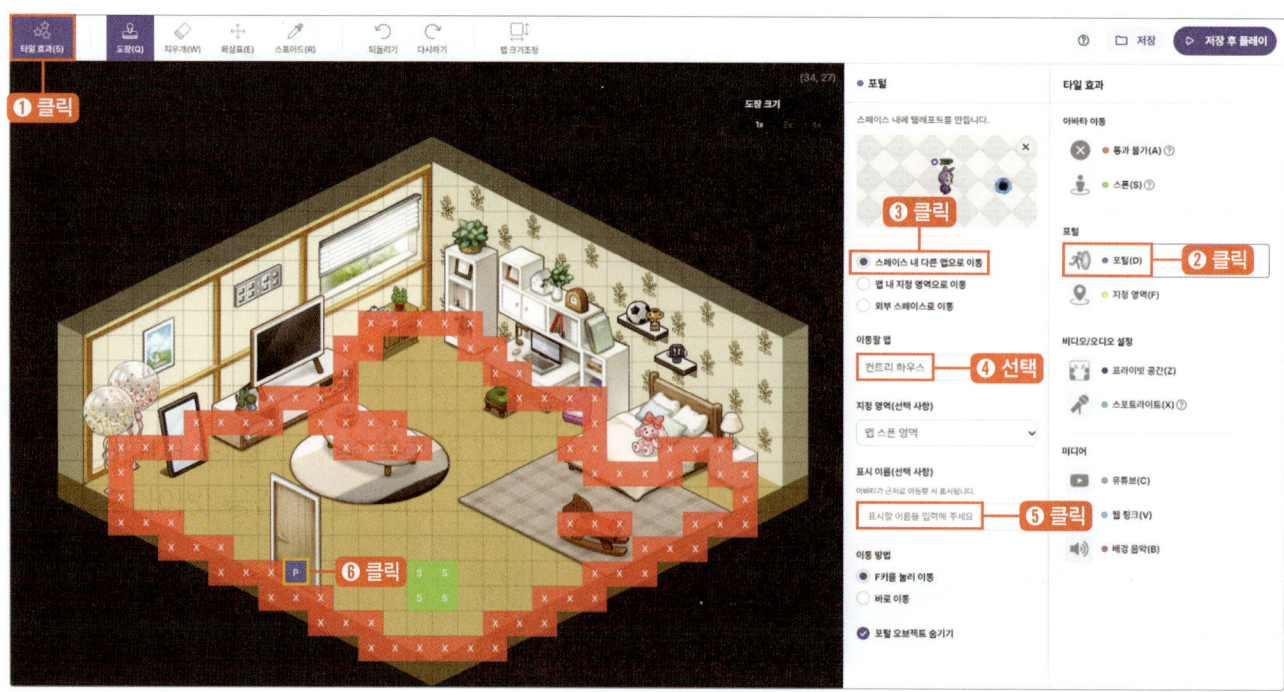

4 <저장 후 플레이> 단추를 클릭하고 포털을 이용하여 [컨트리 하우스] 맵으로 이동해 봅니다.

5 [컨트리 하우스] 맵으로 이동한 후, [맵 에디터]를 클릭한 다음 같은 방법으로 [컨트리 하우스] 맵에도 [문]을 배치하고 [포털]을 설정합니다.

※ '타일 효과'가 설정되어 있는 경우에는 '지우개'를 이용하여 먼저 삭제한 후에 지정해야 합니다.

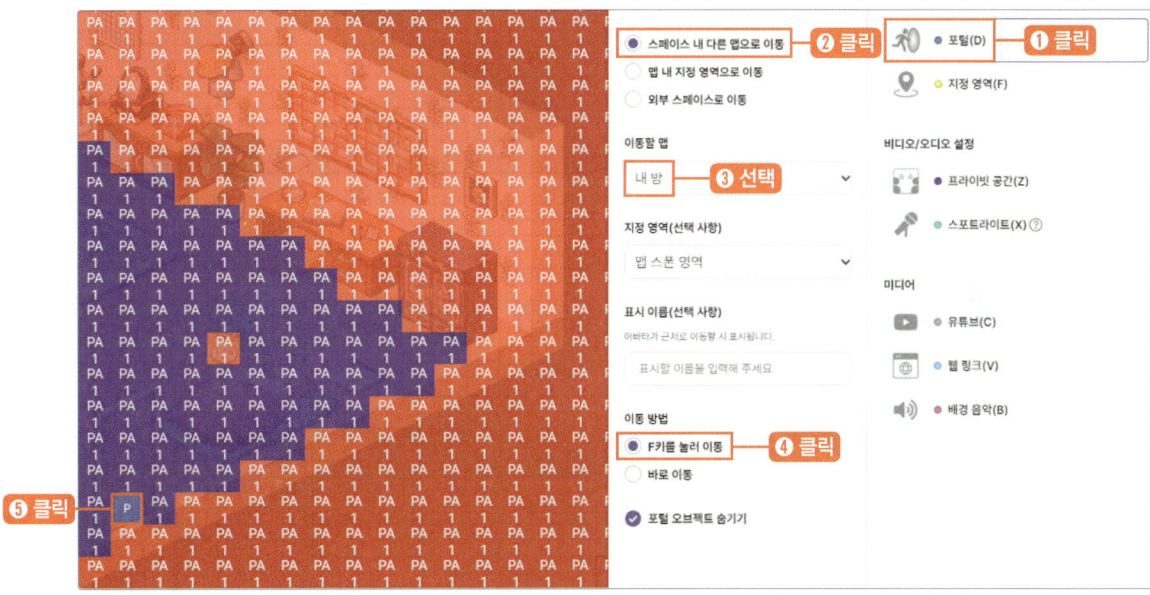

6 <저장 후 플레이> 단추를 클릭한 후, 포털을 이용하여 [내 방] 스페이스로 이동해 봅니다.

※ 다음과 같이 포털 위치가 다른 색으로 표시되는 이유는 주변의 '타일 효과 속성'과 다르기 때문입니다.

CHAPTER 11 컨트리 하우스에 내 방 만들기

 # CHAPTER 11 미션 **수행하기**

■ 불러올 파일 : 없음 ■ 완성된 파일 : 없음

1 앞에서 배운 방법을 이용하여 '나만의 방'으로 새롭게 만들어 봅니다.

2 에셋 스토어에서 다른 무료 오브젝트를 확인한 다음 추가로 구매해서 배치해 봅니다.

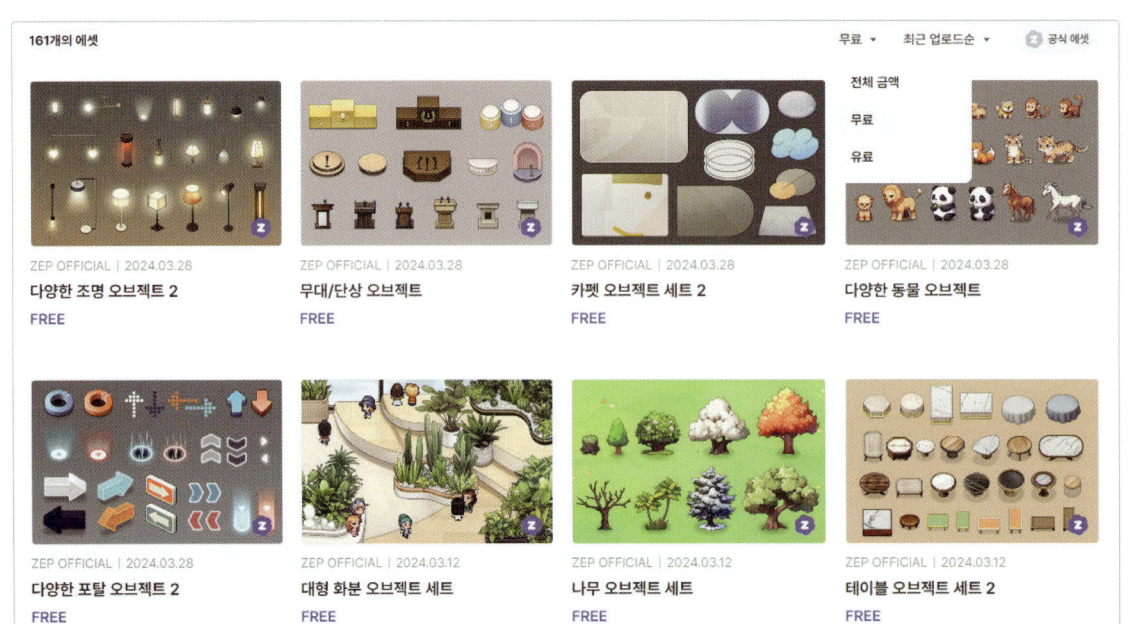

MEMO

CHAPTER 12 쇼케이스 행사장

■ 불러올 파일 : 없음 ■ 완성된 파일 : 없음

학습목표 ▶ – ZEP 맵을 활용하여 상황에 맞게 오브젝트를 배치해 봅니다.
– 맵에 유튜브 영상과 이미지를 연결해 봅니다.

1 에셋 스토어에서 무료 오브젝트 구매하기

1 ZEP 홈에서 [에셋 스토어]-[오브젝트]를 클릭합니다.

2 오브젝트 선택 화면이 나오면 [네온 뮤직비디오 오브젝트(Pink)]를 클릭한 후, <구매하기> 단추를 클릭합니다. 이어서, 같은 방법으로 [네온 뮤직비디오 오브젝트(Mint)], [워드아트 블록 1], [워드아트 블록 2], [워드아트 풍선], [촬영 스튜디오 오브젝트 세트]를 추가해 봅니다.

2 스페이스 만들고 오브젝트 추가하기

1 ZEP 화면 오른쪽 상단 <스페이스 만들기> 단추를 클릭한 후, [템플릿 고르기]-[ZEP 공식맵]-[행사]-[공연장]을 선택하고 스페이스 이름(K마블)을 입력한 다음 <만들기> 단추를 클릭합니다.

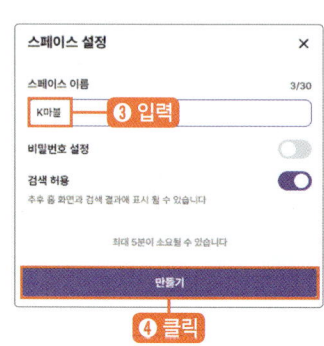

2 [오브젝트]-[도장]을 선택하고 구입한 오브젝트를 찾아서 다음과 같이 배치해 봅니다.
   ※ 마우스 휠을 위, 아래로 굴리면 편집화면의 배율을 조절할 수 있으며, [오브젝트]와 [상단 오브젝트]를 적절히 사용하여 배치해 봅니다.

3 상단 툴바에서 [타일 효과]를 클릭한 다음 '통과 불가'가 자동으로 선택된 것을 확인하고 다음과 같이 '통과 불가', '스폰' 영역을 지정해 봅니다.

4 오브젝트 배치와 타일 효과 지정이 모두 끝났다면 오른쪽 상단 <저장 후 플레이> 단추를 클릭해서 스페이스를 확인해 봅니다.

CHAPTER 12 쇼케이스 행사장 **077**

 **뮤직비디오 재생하기**

1 유튜브에서 'K마블 인트로'를 검색한 후, 검색된 동영상 중 'K마블 인트로+홍보영상' 제목 오른쪽에 있는 [더 보기(⋮)]를 클릭한 다음 공유를 클릭합니다.

2 공유에서 <복사> 단추를 클릭합니다.

3 ZEP에서 [맵 에디터]를 클릭한 후, 화면 상단의 [타일 효과]-[도장]-[유튜브]를 클릭하고 연결할 유튜브 URL에 Ctrl + V 키를 누르고 너비(16), 높이(9), 재생 방법(바로 재생)으로 설정한 다음 동영상을 표시할 영역의 왼쪽 상단 첫 번째 타일을 클릭합니다.

※ '너비'와 '높이'는 동영상이 재생되는 영역의 타일 수량입니다.

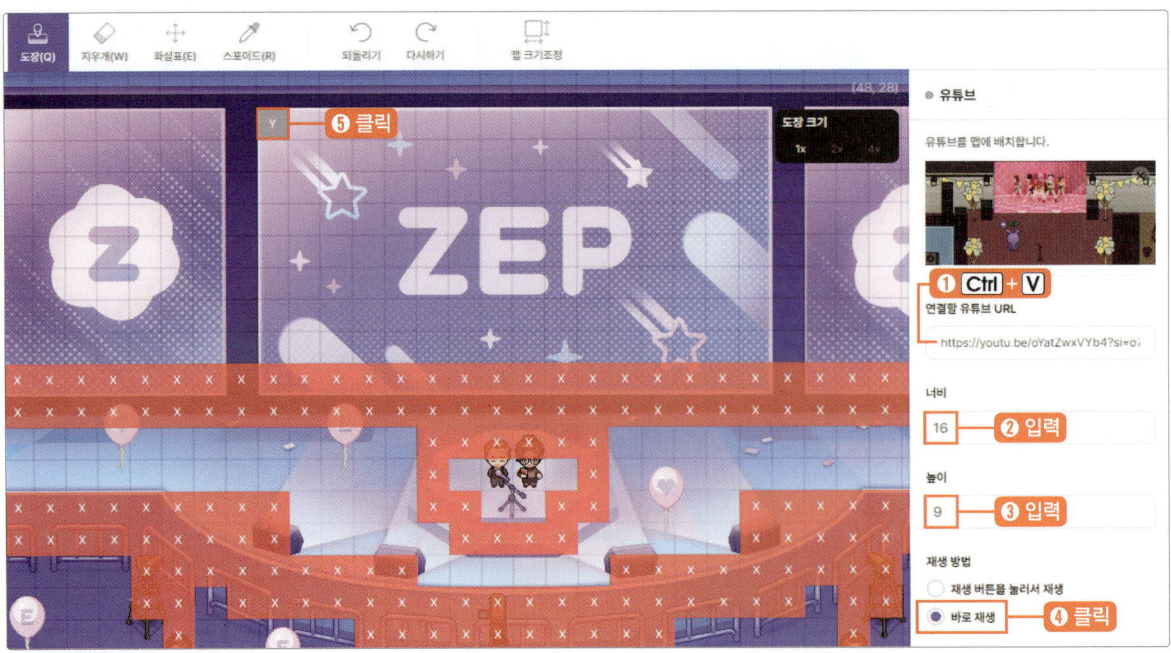

4 같은 방법으로 양옆 작은 화면에서도 홍보 동영상이 재생되도록 타일 효과 속성에서 유튜브를 연결한 다음 너비(11), 높이(7), 재생 방법(바로 재생)으로 설정한 다음 동영상을 표시할 영역의 왼쪽 상단 첫 번째 타일을 클릭합니다.

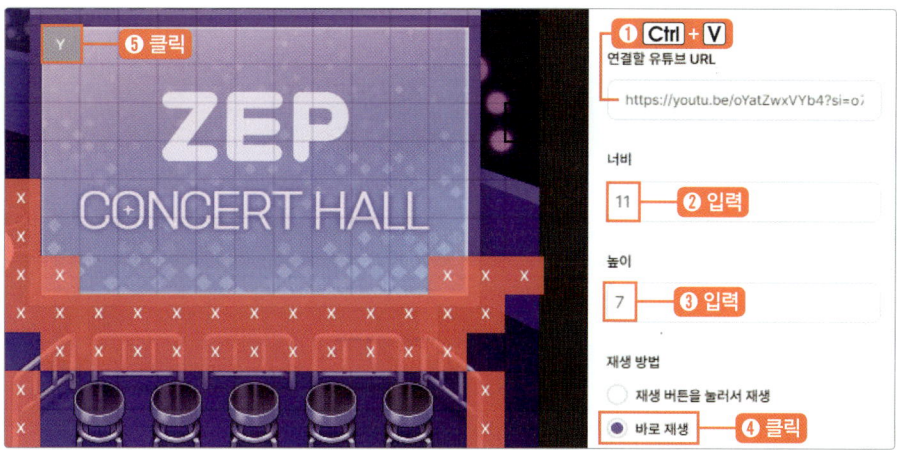

4 웹 링크 연결하기

1 브라우저의 주소 입력 칸에 'aso.co.kr'을 입력한 후 Enter 키를 눌러서 아카데미소프트 홈페이지로 이동한 다음 [컴퓨터 OA 교재]-[K마블 한글타자 첫걸음]을 클릭한 후, 왼쪽 교재의 이미지 위에서 마우스 오른쪽 단추을 눌러 [이미지 주소 복사]를 클릭합니다.

CHAPTER 12 쇼케이스 행사장 **079**

2 ZEP에서 [맵 에디터]를 클릭한 후, 화면 상단의 [타일 효과]-[도장]-[웹 링크]를 클릭한 다음 연결할 웹 URL에 Ctrl + V 키를 누르고 [고정 영역에 배치], 너비(7), 높이(9)로 설정한 다음 이미지를 표시할 영역의 왼쪽 상단 첫 번째 타일을 클릭합니다.

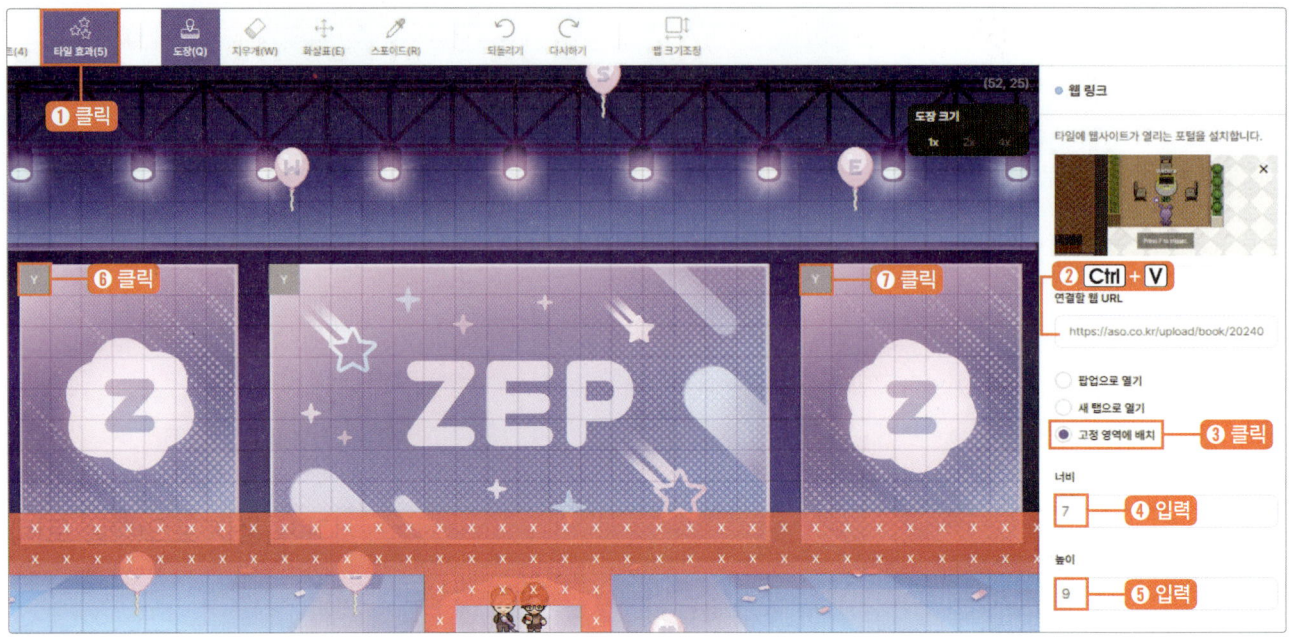

3 웹 링크 타일 효과 지정이 모두 끝났다면 오른쪽 상단 <저장 후 플레이> 단추를 클릭해서 스페이스를 확인해 봅니다.

※ '유튜브'와 '웹 링크'는 모든 오브젝트의 상단에 표시됩니다. 이를 참고하여 오브젝트를 배치하도록 합니다.

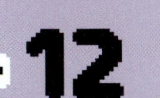 **12 미션 수행하기**

1 무대 위를 [타일 효과]-[비디오/오디오 설정 - 스포트라이트] 영역으로 지정해 봅니다.

2 앞에서 배운 '맵 복사'를 이용하여 좋아하는 가수의 쇼케이스를 만들어 봅니다.

CHAPTER 13 놀이터 만들기

■ 불러올 파일 : 놀이기구1.png 놀이기구1(앞화면).png   ■ 완성된 파일 : 없음

학습목표 - 빈 맵에 이미지 파일을 불러온 다음 맵을 만들어 봅니다.

1 맵의 배경 화면을 설정하고 타일 효과 지정하기

1 ZEP 홈에서 [+스페이스 만들기]-[빈 맵에서 시작하기]를 클릭한 후, 스페이스 이름(놀이터)을 입력한 다음 <만들기> 단추를 클릭합니다.

2 맵 에디터 화면이 나오면 상단 툴바에서 [맵 크기조정] - 맵 크기 수정하기에서 너비(32), 높이(24)로 설정한 후, <저장> 단추를 클릭합니다.

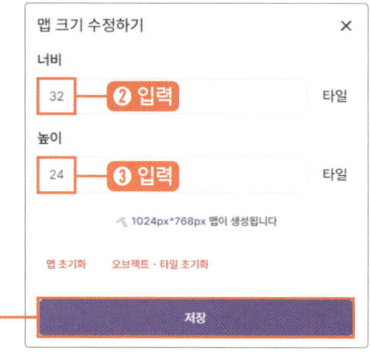

082 메타버스 ZEP

3. 화면 오른쪽 바닥 속성에서 <배경 화면 설정> 단추를 클릭한 후, [열기] 대화상자가 나오면 [불러올 파일]-[CHAPTER 13]-'놀이기구1.jpg' 파일을 선택하고 <열기> 단추를 클릭합니다.

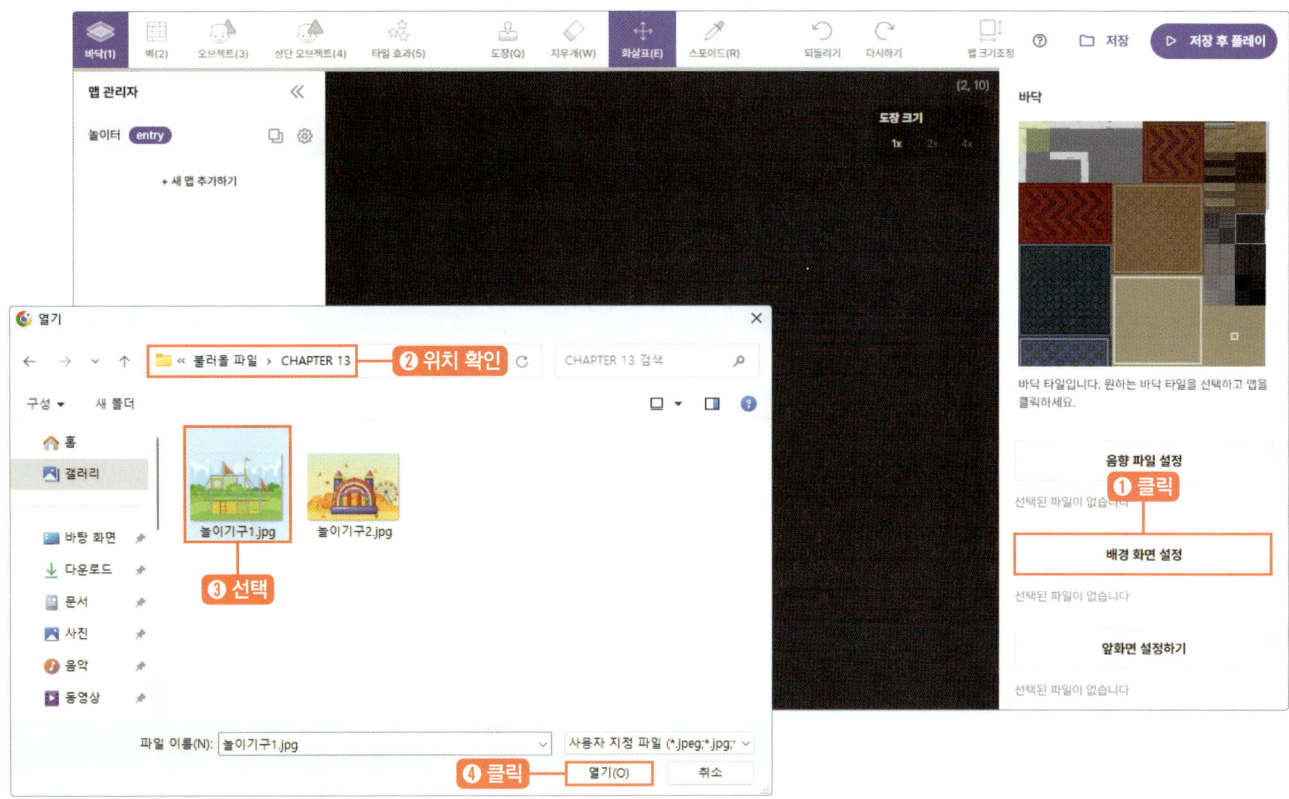

4. 배경 화면이 나오면 <앞화면 설정하기> 단추를 클릭한 후, '놀이기구1(앞화면).png' 파일을 선택하고 <열기> 단추를 클릭합니다.

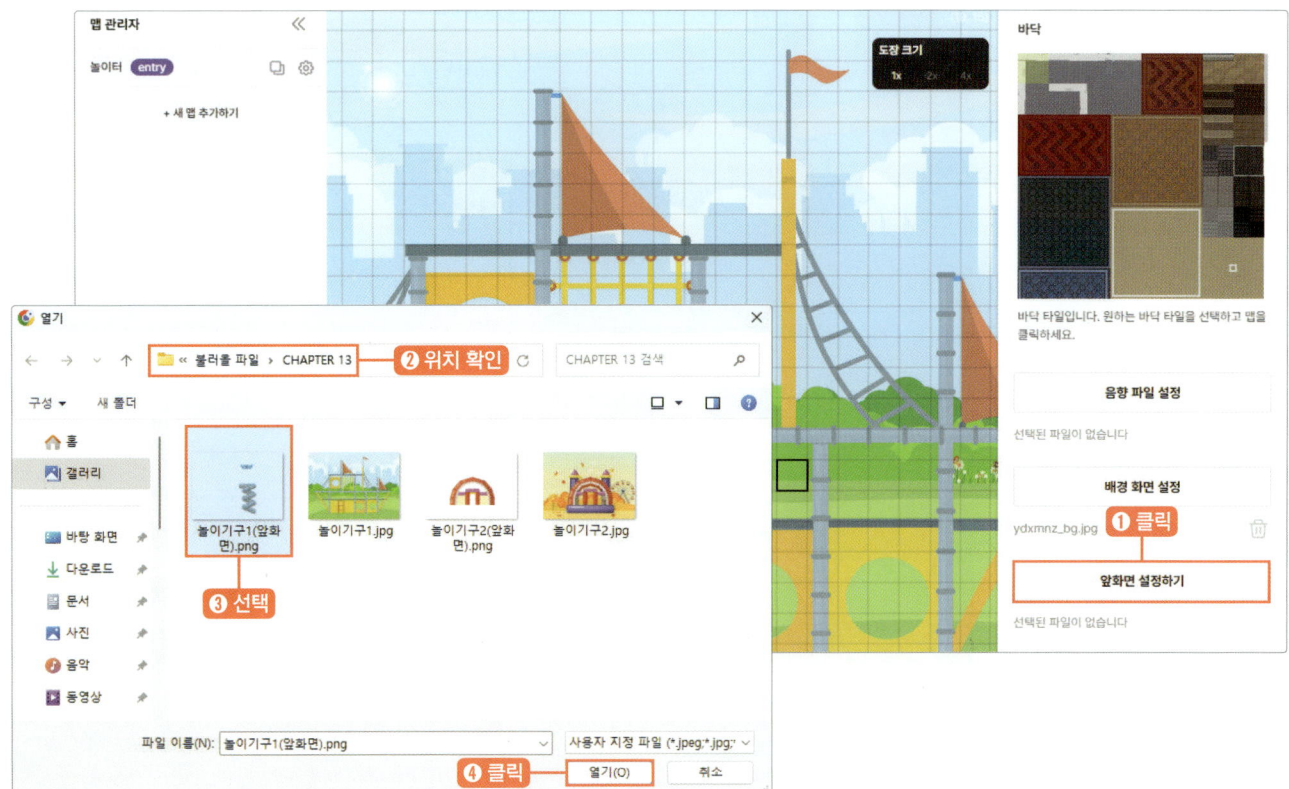

5 배경 화면 설정이 끝나면 상단 툴바에서 [타일 효과]를 클릭한 후, 다음과 같이 '통과 불가' 영역을 만들어 봅니다.

6 [타일 효과]-[도장]-'지정 영역'을 클릭한 다음 영역 이름(미끄럼틀 아래), 너비(1), 높이(1)로 설정한 후, 다음과 같은 위치에 지정 영역을 만들어 줍니다.

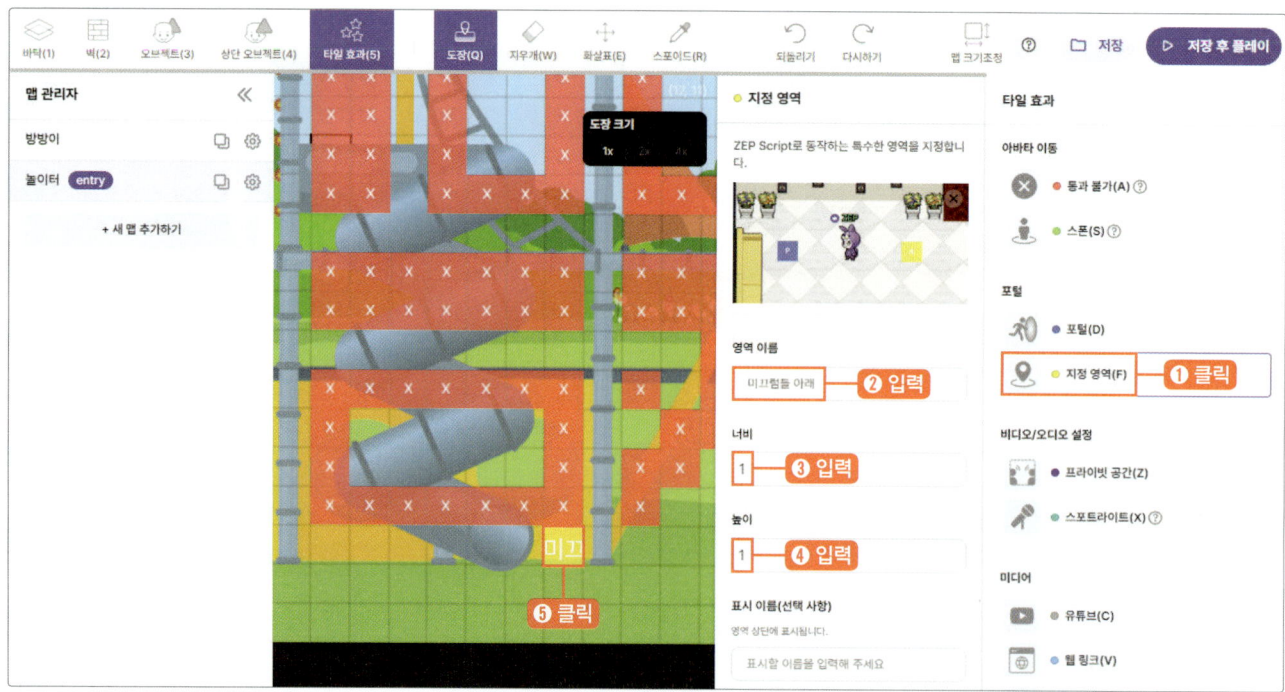

7 이어서, '포털'을 클릭하여 속성을 '맵 내 지정 영역으로 이동', 지정 영역(미끄럼틀 아래), 이동 방법(F 키를 눌러 이동)으로 설정하고 다음과 같은 위치에 만들어 봅니다.
※ '스폰' 영역도 만들어 줍니다.

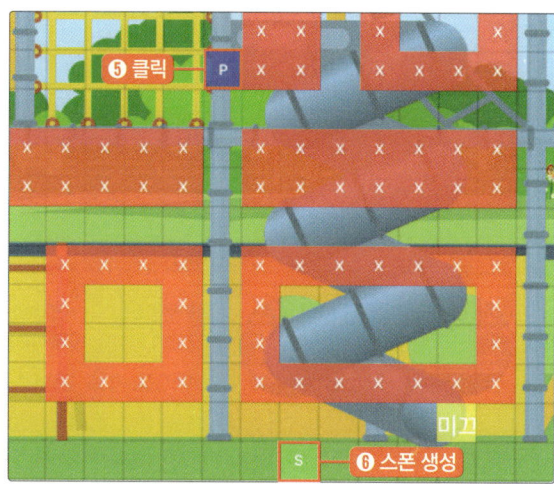

8 타일 효과 지정이 모두 끝나면 오른쪽 상단 <저장 후 플레이>를 클릭해서 스페이스를 확인해 봅니다.

2 맵 수정하기

1 [맵 에디터]를 클릭한 다음 [타일 효과]-[스포이트]를 클릭하고 '미끄럼틀 아래'를 클릭한 후, 바로 옆을 클릭하면 같은 지정 영역이 복사됩니다. 이어서, 미끄럼틀 끝부분의 지정 영역을 [지우개]로 삭제합니다.

2 [타일 효과]-[도장]을 클릭한 다음 미끄럼틀 위쪽에 포털을 클릭한 후, '포털 오브젝트 숨기기'를 체크합니다.

3 '통과 불가' 영역을 수정하여 깃발이 있는 부분도 이동할 수 있게 수정합니다.

4 맵 수정이 모두 끝나면 오른쪽 상단 <저장 후 플레이>를 클릭해서 스페이스를 확인해 봅니다.

13 미션 수행하기

불러올 파일 : 놀이기구2.png, 놀이기구2(앞화면).png   완성된 파일 : 없음

1 놀이터에서 [새 맵 추가하기]를 이용하여 다른 놀이터를 만들어 봅니다.

- 스페이스 이름 : 방방이
- [불러올 파일]-[CHAPTER 13]-'놀이기구2.jpg','놀이기구2(앞화면).png' 파일을 이용합니다.
- 지정 영역 : 들어가기, 나가기
- 포털 : 지정 영역으로 연결
- 놀이터와 방방이를 서로 포털로 연결합니다.

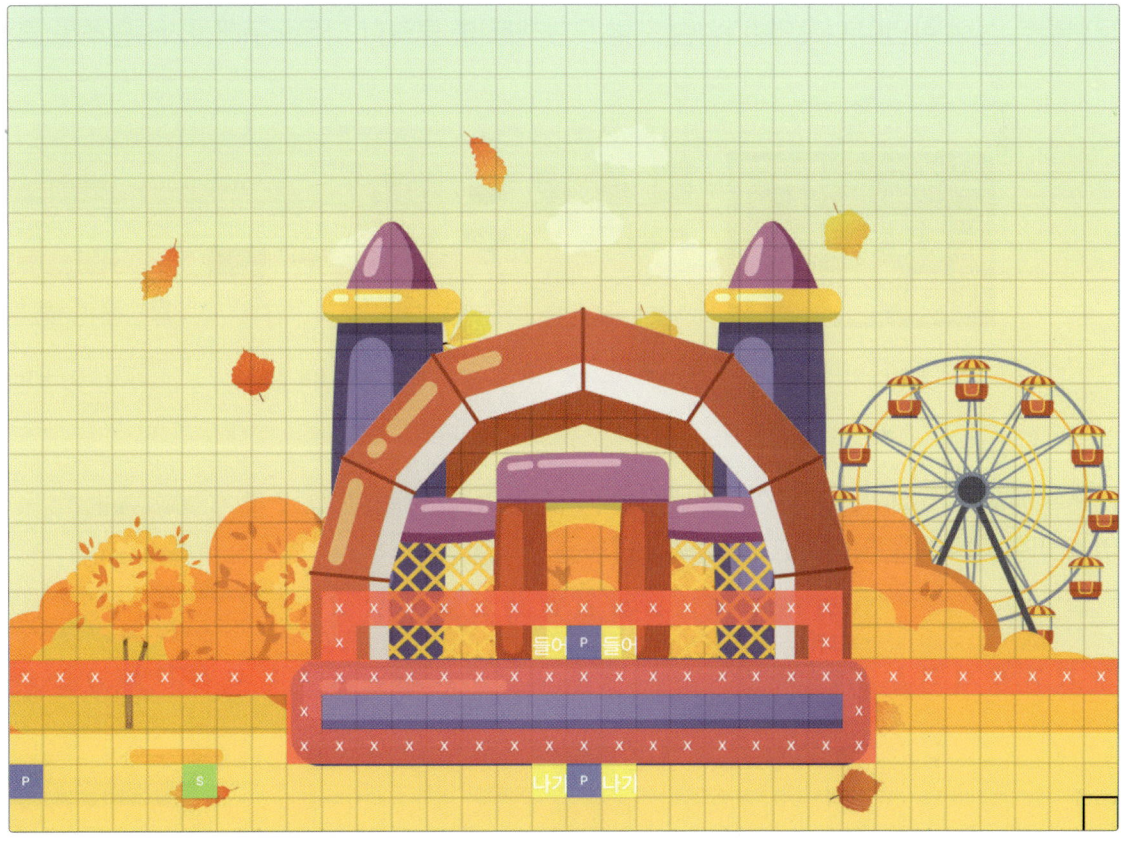

CHAPTER 14 미로 게임 만들기

📁 불러올 파일 : 미로1.jpg   📁 완성된 파일 : 없음

학습목표
- 빈 맵에 이미지 파일을 불러온 다음 맵을 만들어 봅니다.
- 만들어진 맵에 chatGPT 고양이를 추가해 봅니다.

1 맵의 배경 화면을 설정하고 타일 효과 지정하기

1 ZEP 홈에서 [에셋 스토어]-[오브젝트]를 클릭합니다.

2 오브젝트 선택 화면이 나오면 [다양한 포탈 오브젝트]를 클릭한 다음 <구매하기> 단추를 클릭합니다.

3 ZEP 홈에서 [+스페이스 만들기]-[빈 맵에서 시작하기]를 클릭한 후, 스페이스 이름(미로1)을 입력하고 <만들기> 단추를 클릭합니다.

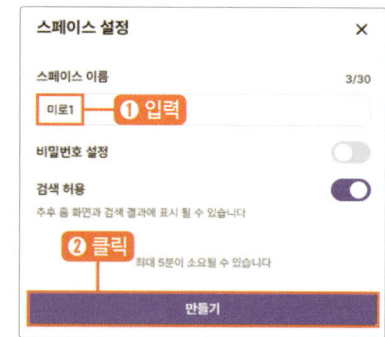

4 맵 에디터 화면이 나오면 상단 툴바에서 [맵 크기조정]을 클릭한 다음 너비(32), 높이(24)로 설정하고 <저장> 단추를 클릭합니다.

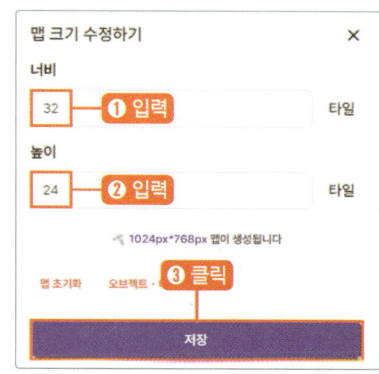

5 화면 오른쪽 바닥 속성에서 <배경 화면 설정> 단추를 클릭한 다음 [열기] 대화상자가 나오면 [불러올 파일]-[CHAPTER 14]-'미로1.jpg' 파일을 선택하고 <열기> 단추를 클릭합니다.

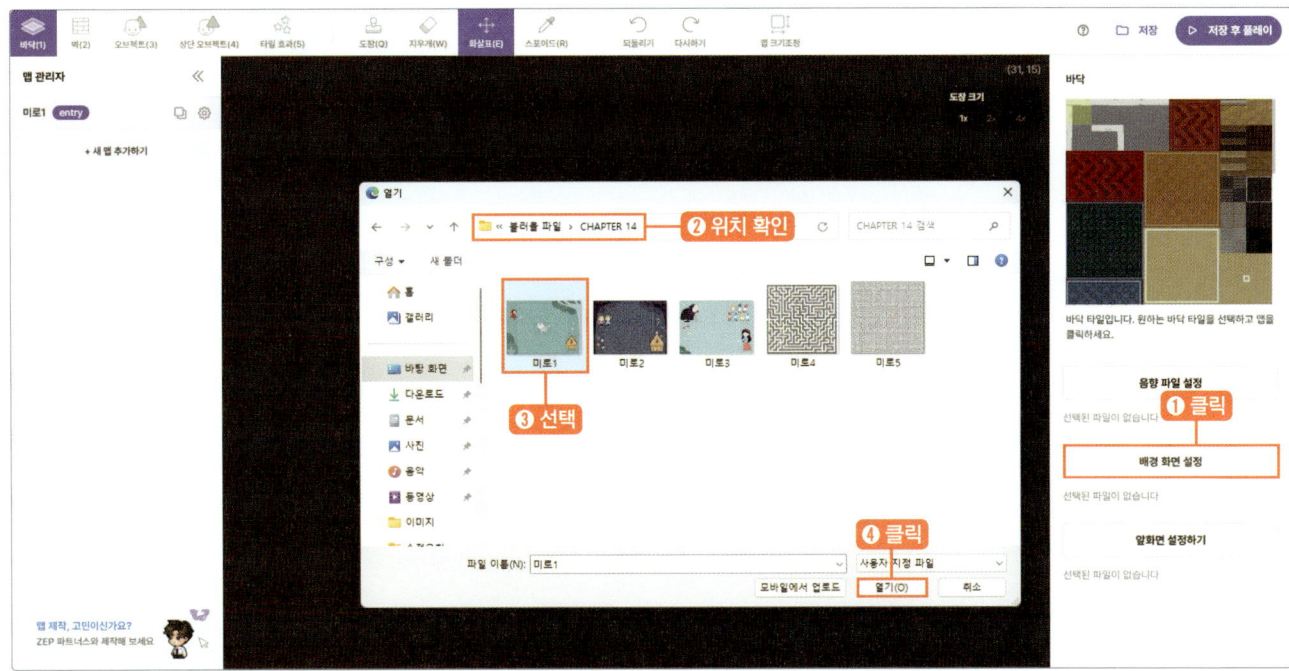

6 배경 화면 설정이 끝나면 상단 툴바에서 [타일 효과]를 클릭한 후, '통과 불가'가 자동으로 선택된 것을 확인하고 다음과 같이 '통과 불가' 영역을 만든 다음 '스폰' 영역도 만들어 봅니다.

7 [오브젝트]-[도장]을 선택한 다음 '다양한 포탈 오브젝트'를 이용하여 다음과 같이 임시로 방향 표시를 만듭니다. 화살표 방향은 '회전 및 반전'을 이용합니다.
   ※ 크기 조절 : W(50), H(50)

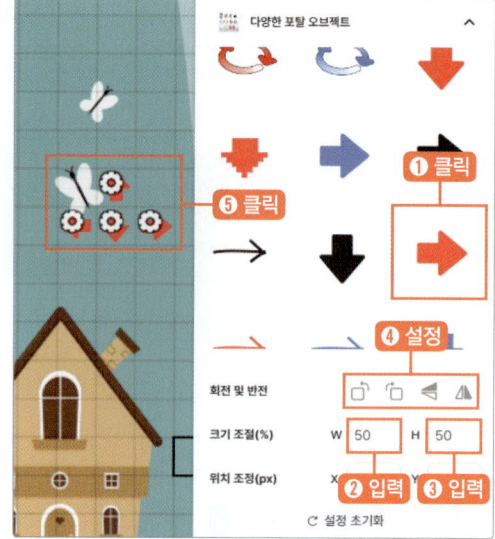

8 스스로 미로를 풀어가면서 임시로 만든 방향 표시를 복제하여 배치해 봅니다.
   ※ 방향 표시는 갈림길마다 배치하며 미로가 어렵다면 다음 그림을 참고하여 배치해 보세요.

9 임시로 만든 방향 표시는 [지우개]를 이용하여 삭제하고 오른쪽 상단 <저장 후 플레이> 단추를 클릭해서 방향 표시를 따라 이동하면서 맵을 확인해 봅니다.

2 chatGPT 고양이 설치하기

1 'chatGPT 고양이'를 추가하기 위해서 왼쪽 메뉴에서 [앱]-[앱 추가]를 클릭한 다음 [앱 관리]에서 [chatGPT 고양이]-<설치> 단추를 클릭합니다.

2 왼쪽 메뉴에서 [chatGPT 고양이]를 클릭하고 마음에 드는 고양이를 클릭한 다음 <선택> 단추를 클릭합니다.

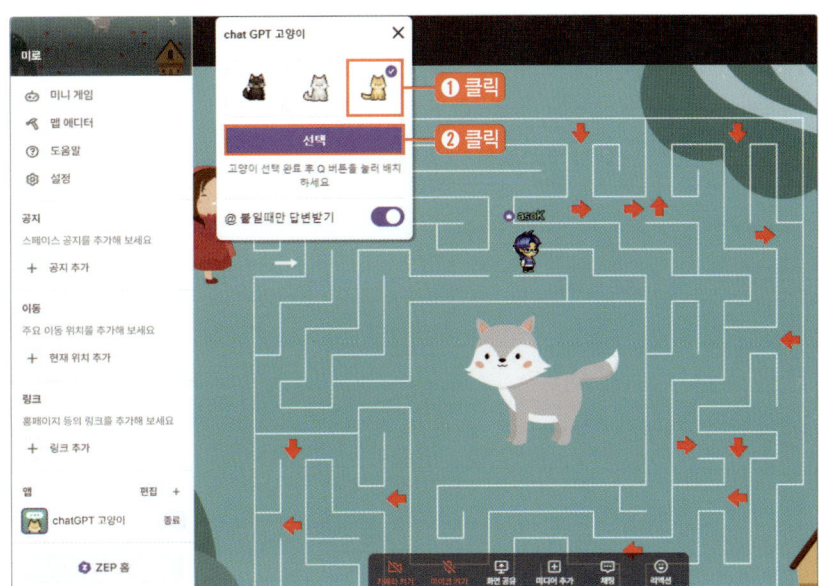

CHAPTER 14 미로 게임 만들기 **091**

3 Q 키를 눌러 고양이를 원하는 위치에 배치합니다.

4 'chatGPT 고양이'에게 미로게임을 잘하는 방법을 물어봅니다.
※ 질문 : @미로게임 잘하는 방법이 있어?

# 14 미션 수행하기

1 앞에서 배운 '맵 복사'를 이용하여 다른 미로를 여러 가지 방법으로 만들어 봅니다.

- '미로1,2,3'은 '맵 크기 수정하기'에서 너비(32), 높이(24)
- '미로4'는 맵 크기 수정하기'에서 너비(49), 높이(47)
- '미로5'는 맵 크기 수정하기'에서 너비(101), 높이(101)

2 다음과 같이 '미로2'에 '통과 불가' 타일을 이용하여 미로게임을 만들어 봅니다.

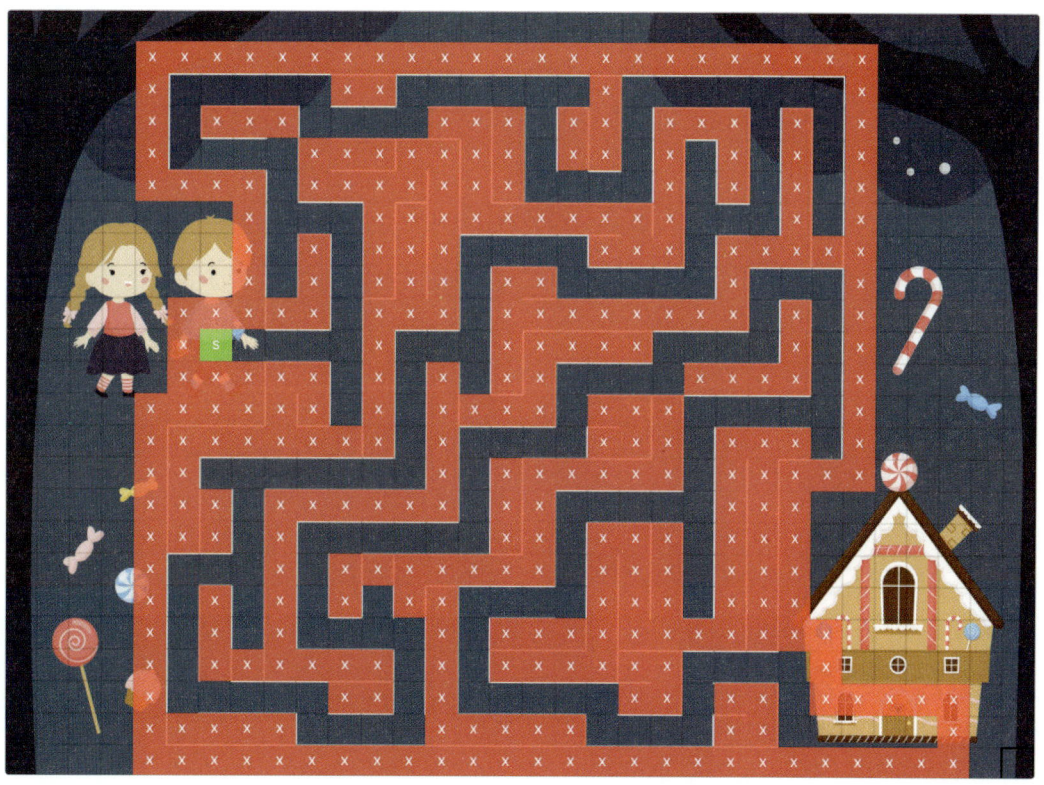

CHAPTER 15 스튜디오 만들기

📁 불러올 파일 : 이미지 파일 📁 완성된 파일 : 없음

학습목표 – 스튜디오를 만들고 화면 캡처하는 방법을 알아봅니다.

1 맵의 배경 화면을 설정하고 타일 효과 지정하기

1. ZEP 홈에서 [+스페이스 만들기]-[빈 맵에서 시작하기]를 클릭한 후, 스페이스 이름(스튜디오)을 입력한 다음 <만들기> 단추를 클릭합니다.

   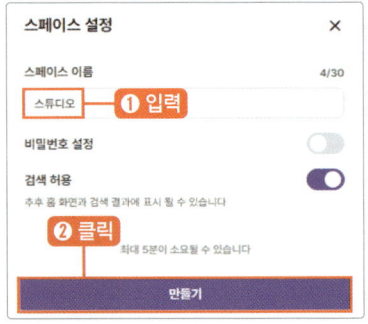

2. 맵 에디터 화면이 나오면 상단 툴바에서 [맵 크기조정]을 클릭한 후, '맵 크기 수정하기'에서 너비(32), 높이(24)로 설정한 다음 <저장> 단추를 클릭합니다.

3. 화면 오른쪽 바닥 속성에서 <배경 화면 설정> 단추를 클릭한 후, [열기] 대화상자가 나오면 [불러올 파일]-[CHAPTER 15]-'스튜디오.jpg' 파일을 선택하고 <열기> 단추를 클릭합니다.

   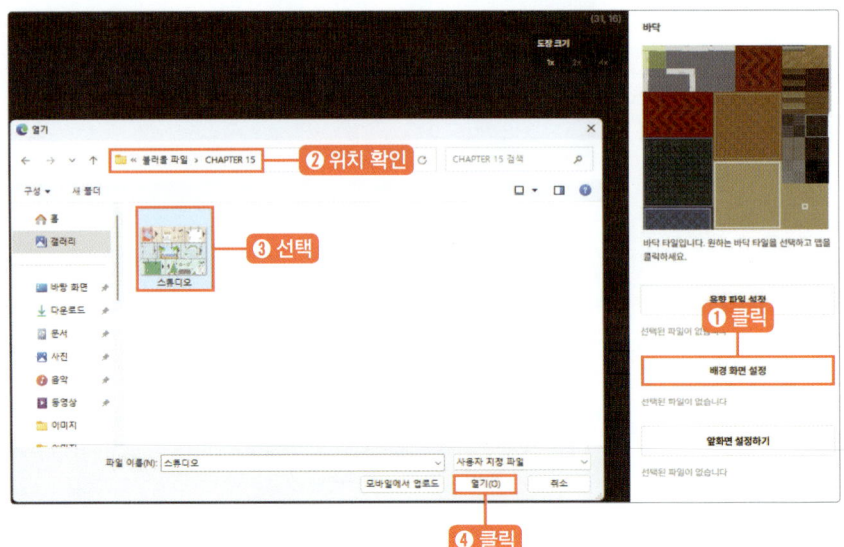

094 메타버스 ZEP

4 배경 화면이 설정된 것을 확인한 후, <앞화면 설정하기> 단추를 클릭한 다음 [불러올 파일]-[CHAPTER 15]-'스튜디오(앞화면).png' 파일을 선택하고 <열기> 단추를 클릭합니다.

5 상단 툴바에서 [타일 효과]를 클릭한 후, '통과 불가'가 자동으로 선택된 것을 확인하고 다음과 같이 '통과 불가' 영역을 만든 다음 '스폰', '지정 영역'을 만들어 봅니다.

※ **지정 영역** : 영역 이름(1층), 영역 이름(2층), 영역 이름(3층)

6 각 층을 이동할 수 있는 '포털'을 만듭니다.

※ 포털 : '맵 내 지정 영역으로 이동', 지정 영역(2층), 표시 이름(2층)으로 이동'
　포털 : '맵 내 지정 영역으로 이동', 지정 영역(3층), 표시 이름(3층)으로 이동'
　포털 : '맵 내 지정 영역으로 이동', 지정 영역(1층), 표시 이름(1층)으로 이동'

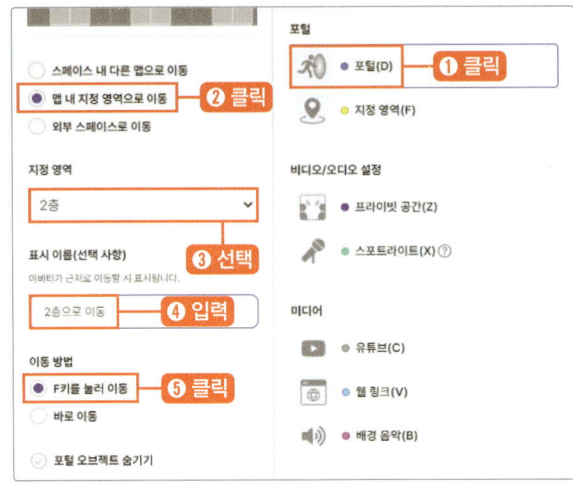

7 다음은 '행사 가이드 캐릭터'를 다음과 같이 배치하고 '오브젝트 설정'을 합니다.

※ 공통 : 유형(말풍선 표시), 말풍선 종류(고정 말풍선), 실행 방법(바로 실행)
　여자1 : 말풍선 텍스트(ZEP 스튜디오에 오신 걸 환영합니다.)
　남자 : 말풍선 텍스트('Shift' 키 + 방향 키를 누르면 제자리에서 캐릭터의 시선 방향을 변경할 수 있습니다.)
　여자2 : 말풍선 텍스트('Win' 키 + 'Shift' 키 + 'S' 키를 눌러서 스크린샷을 남겨 봅니다.)

8 오른쪽 상단 [저장 후 플레이]를 클릭하고 말풍선을 확인합니다.

2 멋진 사진 찍어보기

1. 맵에서 마음에 드는 스튜디오에 가서 얼굴이 보여지도록 합니다.
   ※ Shift + ↓

2. Window + Shift + S 키를 누른 다음 캡처할 영역을 드래그합니다.

3. 오른쪽 하단 '캡처 도구' 알림을 클릭합니다.

4 캡처 도구에서 오른쪽 상단 저장(📁)을 클릭합니다.

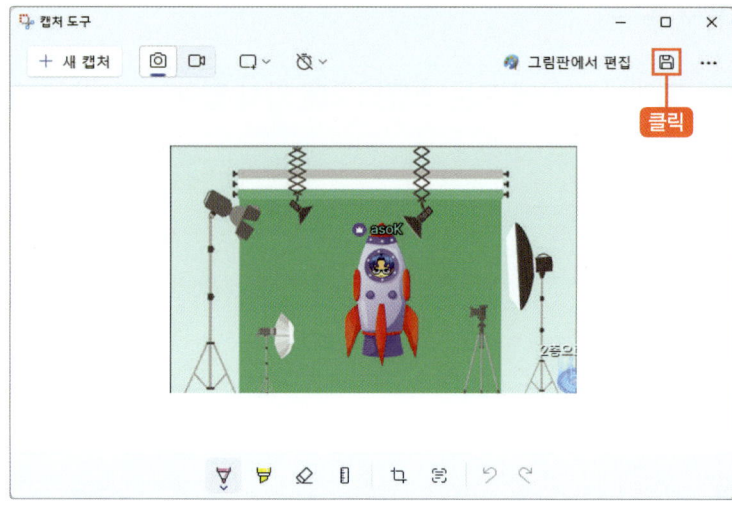

5 [다른 이름으로 저장] 대화상자가 나오면 본인의 폴더에 '우주선'을 입력한 다음 <저장> 단추를 클릭합니다.

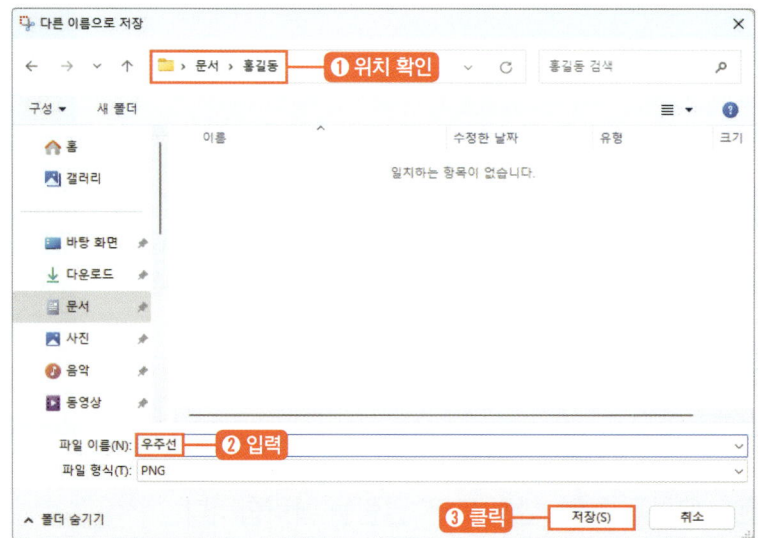

 **15 미션 수행하기**

1 맵에서 각 스튜디오에서 얼굴을 맞추고 캡처 도구를 이용해서 저장해 봅니다.

- 친구를 초대해서 같이 촬영을 해봅니다.

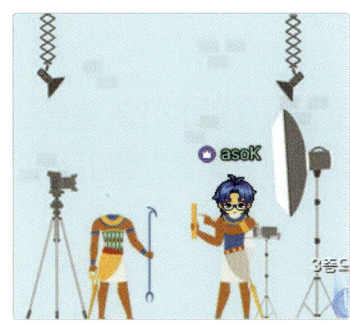 

CHAPTER 16 미술 전시관 만들기

📁 불러올 파일 : 이미지 파일　📁 완성된 파일 : 없음

학습목표
- 미술 전시관을 만드는 방법을 알아봅니다.
- 전시관과 전시관을 연결하는 포털을 만들어 봅니다.

1 맵의 배경 화면을 설정하고 타일 효과 지정하기

1 ZEP 홈에서 [+스페이스 만들기]-[빈 맵에서 시작하기]를 클릭한 다음 스페이스 이름(전시관)을 입력하고 <만들기> 단추를 클릭합니다.

2 맵 에디터 화면이 나오면 상단 툴바에서 [맵 크기조정]을 클릭한 후, '맵 크기 수정하기'에서 너비(20), 높이(15)로 설정한 다음 <저장> 단추를 클릭합니다.

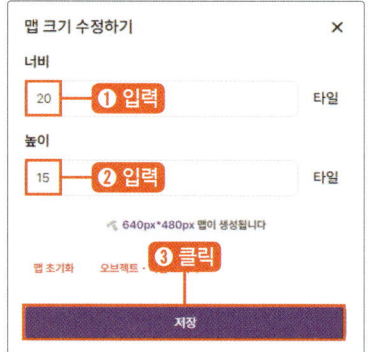

3 화면 오른쪽 바닥 속성에서 <배경 화면 설정> 단추를 클릭한 후, [열기] 대화상자가 나오면 [불러올 파일]-[CHAPTER 16]-'전시관.jpg' 파일을 선택하고 <열기> 단추를 클릭합니다.

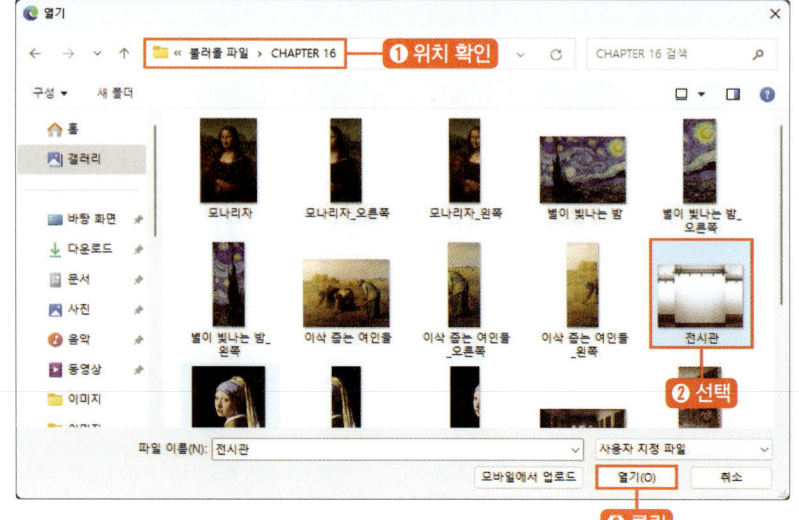

4 이어서, <앞화면 설정하기> 단추를 클릭한 다음 [불러올 파일]-[CHAPTER 16]-'전시관(앞화면).png' 파일을 선택하고 <열기> 단추를 클릭합니다.

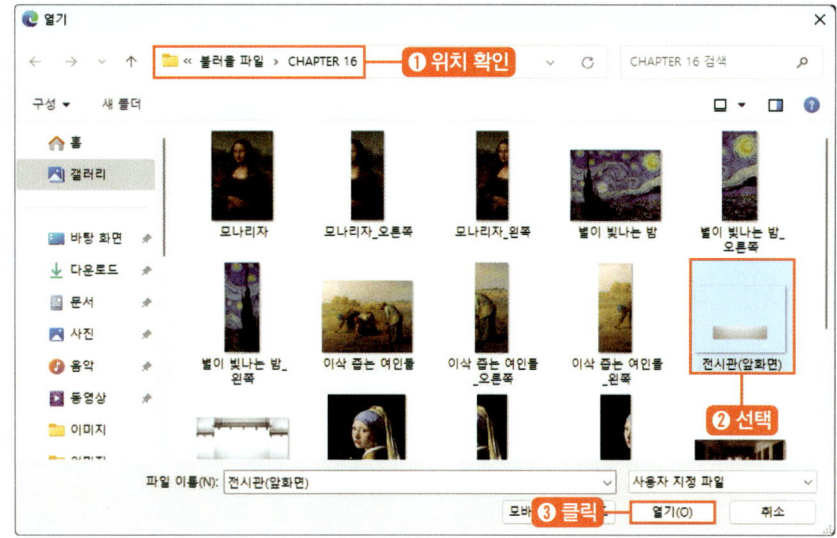

5 배경 화면 설정이 끝나면 상단 툴바에서 [타일 효과]를 클릭한 다음 '통과 불가' 영역을 다음과 같이 만들고 '스폰' 영역도 만들어 봅니다.

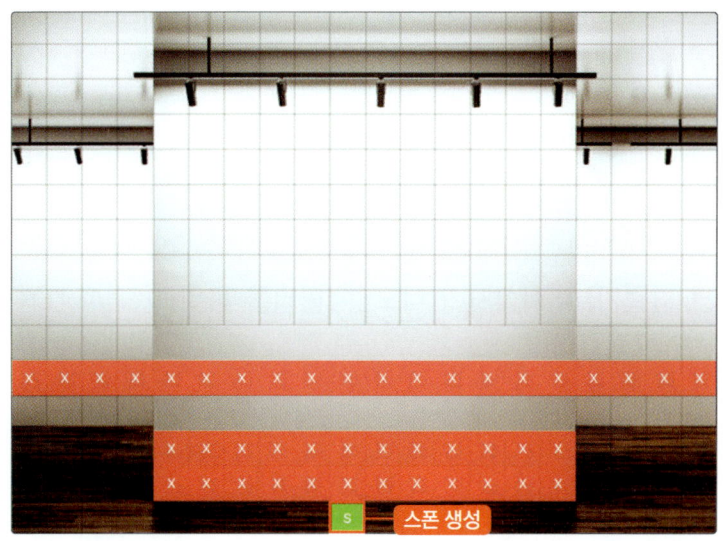

6 화면 왼쪽 맵 관리자 속성에서 [전시관]의 맵 복사(   )를 4번 클릭하여 총 5개의 맵을 만듭니다.

CHAPTER 16 미술 전시관 만들기 **101**

7 맵이 복사되면 [전시관]-[맵 설정(⚙)]을 클릭한 다음 이름(전시관-모나리자)을 변경하고 <저장> 단추를 클릭합니다.

8 같은 방법으로 맵 이름을 다음과 같이 변경합니다.
   ※ Copy_전시관 → 전시관-별이빛나는밤
   　Copy_Copy_전시관 → 전시관-이삭줍는여인들
   　Copy_Copy_Copy_전시관 → 전시관-진주귀고리를한소녀
   　Copy_Copy_Copy_Copy_전시관 → 전시관-최후의만찬

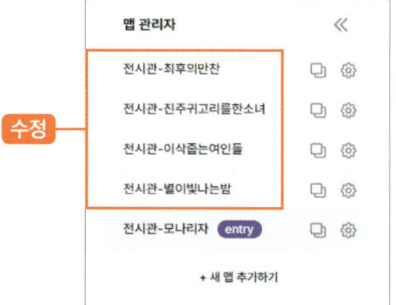

9 '전시관-모나리자' 맵을 클릭한 다음 화면 상단 툴바에서 [오브젝트]를 클릭한 후, 오른쪽 오브젝트 속성에서 [나의 오브젝트]-<+추가> 단추를 클릭합니다.

10 [열기] 대화상자가 나오면 [불러올 파일]-[CHAPTER 16] 폴더의 이미지 전체를 선택하고 <열기>단추를 클릭합니다.
   ※ 전체 선택 단축키 : Ctrl + A

102 메타버스 ZEP

11 [나의 오브젝트]를 클릭한 다음 추가된 '모나리자'와 '별이 빛나는 밤_왼쪽'을 찾아서 다음과 같이 배치해 봅니다.

※ 이때, 앞쪽 그림은 [상단 오브젝트], 뒤쪽 그림은 [오브젝트]로 구분해서 배치해야 합니다.

12 이어서, 다음과 같이 스페이스 내 다른 맵으로 이동하는 '포털'을 배치해 봅니다.

※ **포털** Ⓐ 이동할 맵(전시관-별이빛나는밤), 이동 방법(바로 이동)
　　　　Ⓑ 이동할 맵(전시관-이삭줍는여인들), 이동 방법(바로 이동)

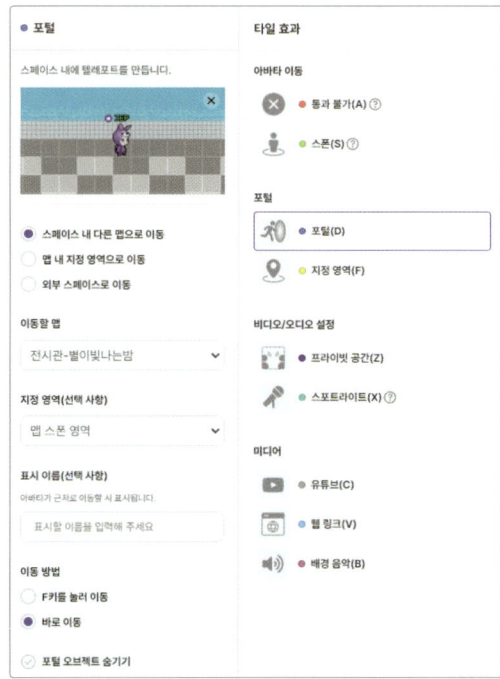

CHAPTER 16 미술 전시관 만들기

13 '전시관-별이빛나는밤' 맵에 다음과 같이 차례대로 '오브젝트'와 '포털'을 배치합니다.
　※ **포털** Ⓐ 이동할 맵(전시관-모나리자), 이동 방법(바로 이동)
　　　　　Ⓑ 이동할 맵(전시관-이삭줍는여인들), 이동 방법(바로 이동)

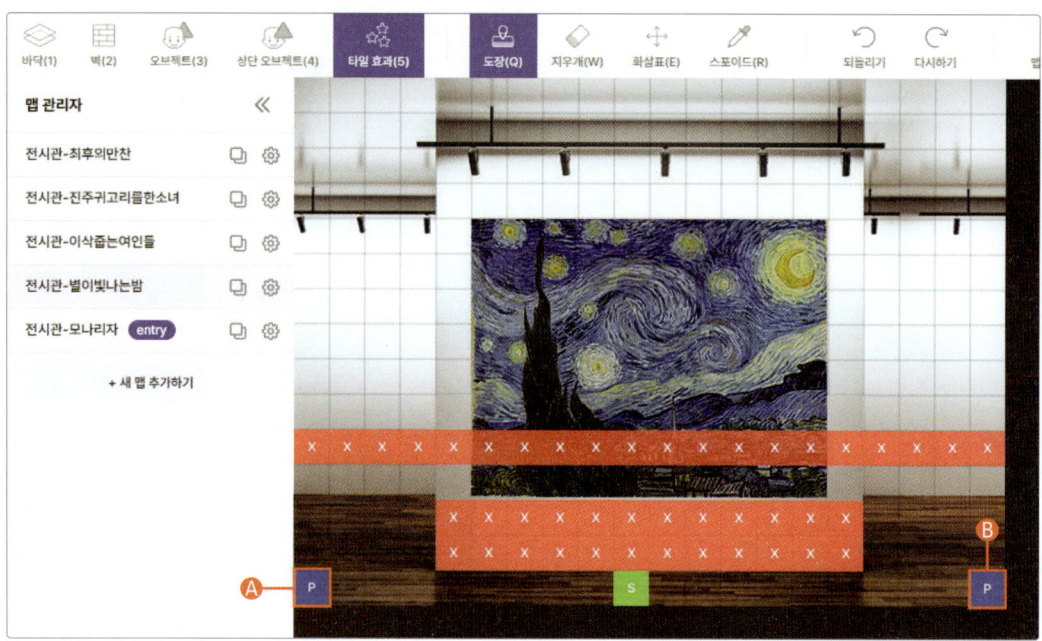

14 '전시관-이삭줍는여인들' 맵에 다음과 같이 차례대로 '오브젝트'와 '포털'을 배치합니다.
　※ **포털** Ⓐ 이동할 맵(전시관-별이빛나는밤), 이동 방법(바로 이동)
　　　　　Ⓑ 이동할 맵(전시관-모나리자), 이동 방법(바로 이동)
　　　　　Ⓒ 이동할 맵(전시관-진주귀고리를한소녀), 이동 방법(바로 이동)
　　　　　Ⓓ 이동할 맵(전시관-최후의만찬), 이동 방법(바로 이동)

15 '전시관-진주귀고리를한소녀' 맵에 다음과 같이 차례대로 '오브젝트'와 '포털'을 배치합니다.

※ 포털 Ⓐ 이동할 맵(전시관-이삭줍는여인들), 이동 방법(바로 이동)
　　　 Ⓑ 이동할 맵(전시관-최후의만찬), 이동 방법(바로 이동)

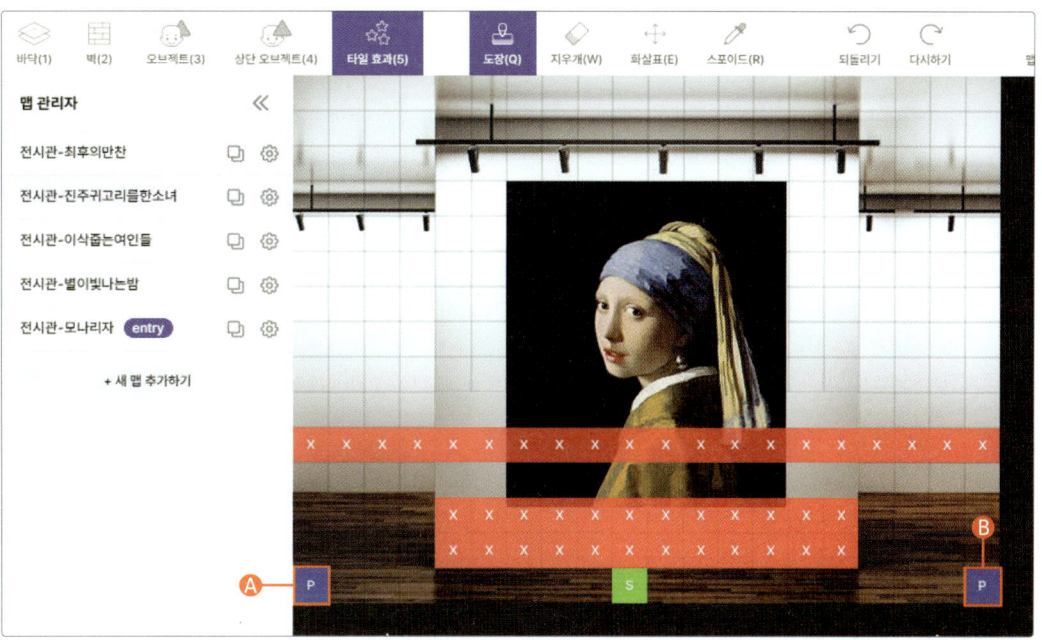

16 '전시관-최후의만찬' 맵에 다음과 같이 차례대로 '오브젝트'와 '포털'을 배치합니다.

※ 포털 Ⓐ 이동할 맵(전시관-진주귀고리를한소녀), 이동 방법(바로 이동)
　　　 Ⓑ 이동할 맵(전시관-이삭줍는여인들), 이동 방법(바로 이동)

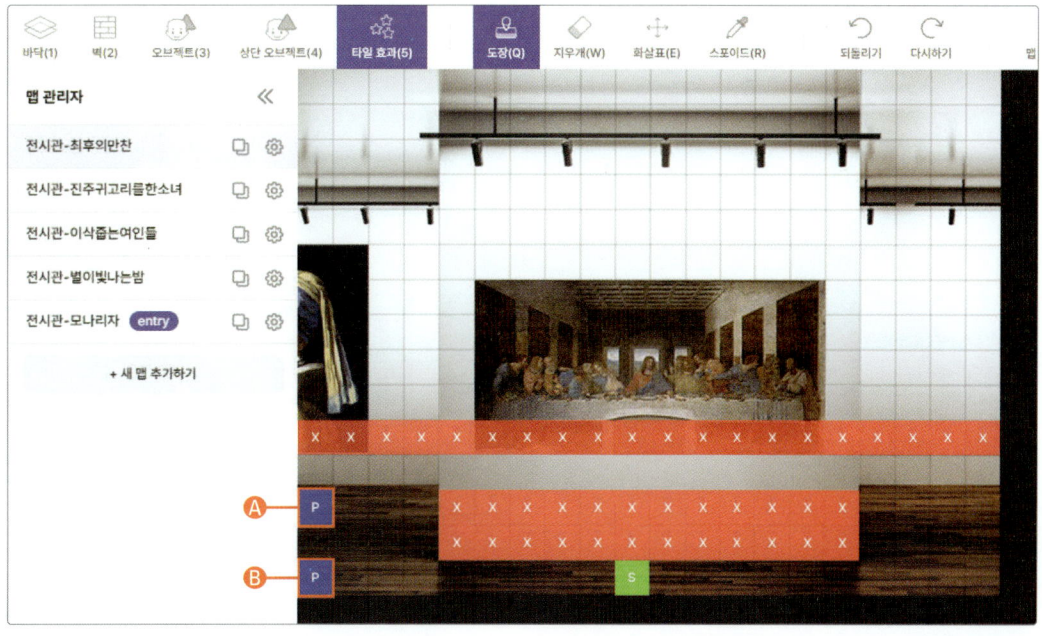

17 '전시과-모나리자' 맵에 [오브젝트]-'행사 가이드 캐릭터'를 다음과 같이 배치하고 [오브젝트 설정]은 말풍선 텍스트(레오나르도 다 빈치의 대표작 중 하나로, 현재 프랑스 파리에 위치한 루브르 박물관에 전시되어 있습니다.), 실행 방법(F 키를 눌러 실행)으로 설정합니다.

18 오른쪽 상단 <저장 후 플레이> 단추를 클릭해서 맵을 이동하면서 확인해 봅니다.

 # 16 미션 수행하기

1 '전시관-별이빛나는밤' 맵에 그림에 대해 설명하는 캐릭터를 배치해 봅니다.

- 인터넷 검색으로 '별이빛나는밤'을 검색한 다음 말풍선으로 표시합니다.

2 같은 방법으로 다른 작품을 설명하는 캐릭터를 배치해 봅니다.

 **17 걷고 싶은 거리 만들기**

■ 불러올 파일 : 이미지 파일   ■ 완성된 파일 : 없음

학습목표 - 빈 맵에 이미지 파일을 불러온 다음 맵을 만들어 봅니다.

1 맵의 배경 화면을 설정하고 타일 효과 지정하기

1 ZEP 홈에서 [+스페이스 만들기]-[빈 맵에서 시작하기]를 클릭한 후, 스페이스 이름(거리)을 입력한 후, <만들기> 단추를 클릭합니다.

2 맵 에디터 화면이 나오면 상단 툴바에서 [맵 크기조정]을 클릭한 다음 '맵 크기 수정하기'에서 너비(32), 높이(24)로 설정하고 <저장> 단추를 클릭합니다.

3 화면 오른쪽 바닥 속성에서 <배경 화면 설정> 단추를 클릭한 후, [열기] 대화상자가 나오면 [불러올 파일]-[CHAPTER 17]-'거리1.jpg' 파일을 선택하고 <열기> 단추를 클릭합니다.

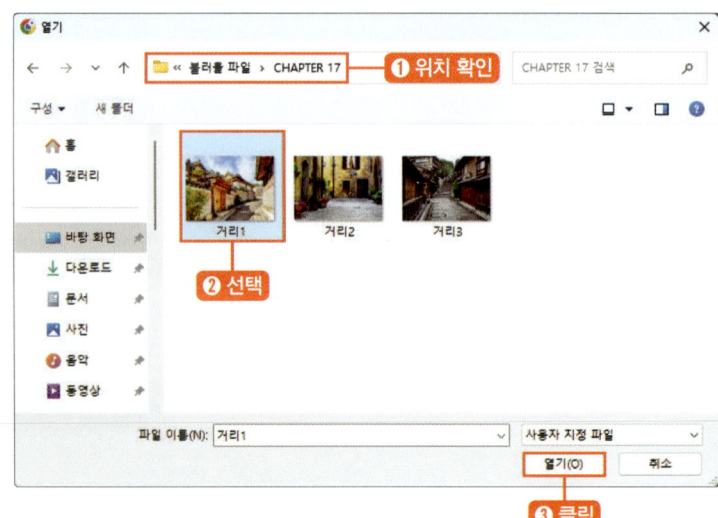

4 이어서, <앞화면 설정하기> 단추를 클릭하여 [불러올 파일]-[CHAPTER 17]-'거리1(앞화면).png' 파일을 선택하고 <열기> 단추를 클릭합니다.

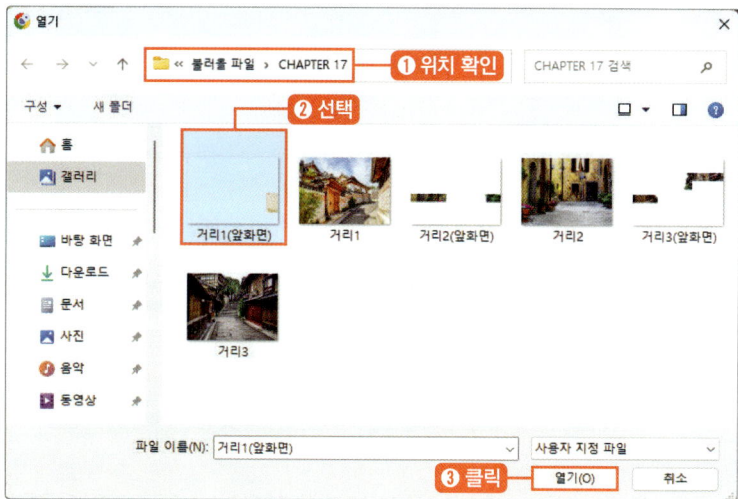

5 화면 왼쪽 맵 관리자 속성에서 [거리]-[맵 복사( )]를 2번 클릭하여 총 3개의 맵을 만듭니다.

6 맵이 복사되면 [Copy_거리]-[맵 설정( )]을 클릭해서 이름(거리2)을 변경하고 <저장> 단추를 클릭합니다.

7 같은 방법으로 나머지 맵도 이름을 다음과 같이 변경합니다.
   ※ Copy_Copy_거리 → 거리3
      거리 → 거리1

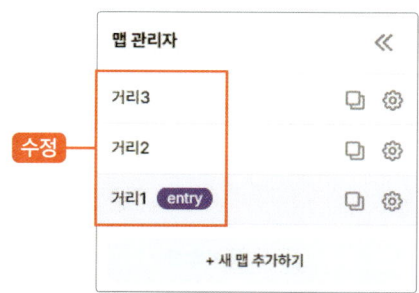

8 화면 왼쪽 맵 관리자 속성에서 [거리2]를 클릭한 후, 화면 오른쪽 바닥 속성에서 <배경 화면 설정>-<변경> 단추를 클릭한 다음 [열기] 대화상자가 나오면 '거리2.jpg' 파일을 선택하고 <열기> 단추를 클릭합니다.

9 배경 화면이 나오면 <앞화면 설정하기>-<변경> 단추를 클릭한 다음 [열기] 대화상자가 나오면 '거리2(앞 화면).png' 파일을 선택하고 <열기> 단추를 클릭합니다.

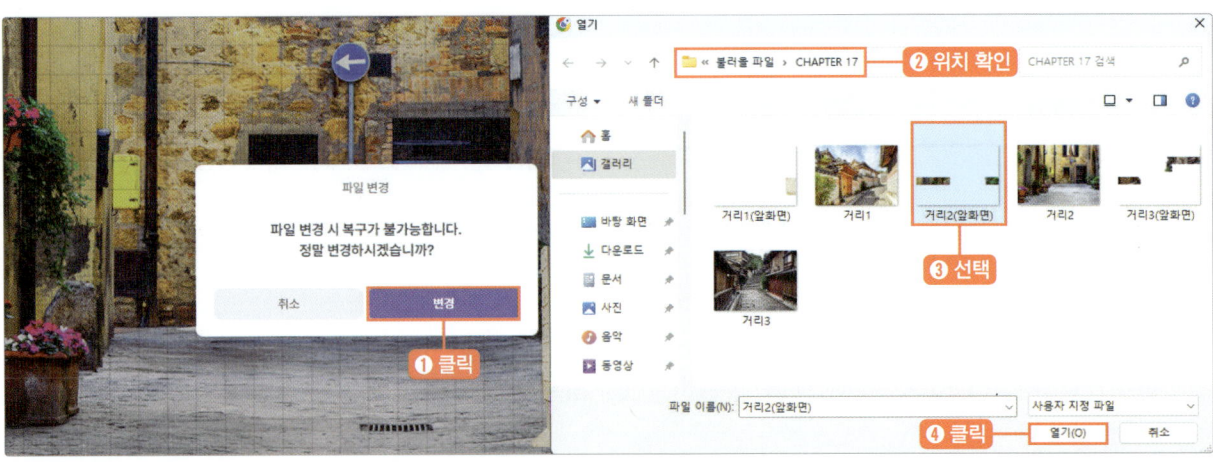

10 같은 방법으로 [거리3] 맵도 이름에 맞게 배경 화면(거리3.jpg)과 앞화면(거리3(앞화면).png)을 변경해 줍니다.

11 '거리1' 맵에 다음과 같이 '통과 불가', '스폰', '포털' 영역을 만들어 봅니다.

※ 포털 : 이동할 맵(거리2), 이동 방법(바로 이동)

12 '거리2' 맵에 다음과 같이 '통과 불가', '스폰', '포털' 영역을 만들어 봅니다.

※ 포털 : 이동할 맵(거리3), 이동 방법(바로 이동)

13 '거리3' 맵에 다음과 같이 '통과 불가', '스폰', '포털' 영역을 만들어 봅니다.
  ※ 포털 : 이동할 맵(거리1), 이동 방법(바로 이동)

14 오른쪽 상단 <저장 후 플레이> 단추를 클릭해서 맵을 이동하면서 확인해 봅니다.

 # 17 미션 수행하기

1 맵에 다양한 캐릭터를 배치하고 거리가 연결되게 포털도 만들어 봅니다.

- 왼쪽 포털 : 이동할 맵(거리1), 이동 방법(바로 이동)

2 '탑승' 앱을 설치하고 탑승 모드 사용으로 맵을 이동해 봅니다.

CHAPTER 18 컴퓨터 내부구조 만들기

📁 불러올 파일 : 이미지 파일   📁 완성된 파일 : 없음

학습목표 - 포털을 지정 영역에 연결하는 방법을 알아봅니다.
- 이미지 팝업에 대해서 알아봅니다.

1 에셋 스토어에서 무료 오브젝트 구매하기

1. ZEP 홈에서 [에셋 스토어]-[오브젝트]를 클릭합니다.

2. 오브젝트 선택 화면이 나오면 [가이드 오브젝트 (iso)]를 클릭한 후, <구매하기> 단추를 클릭합니다.

2 스페이스 만들기

1. ZEP 홈에서 [+스페이스 만들기]-[빈 맵에서 시작하기]를 클릭한 후, 스페이스 이름(컴퓨터)을 입력한 후, <만들기> 단추를 클릭합니다.

2. 맵 에디터 화면이 나오면 상단 툴바에서 [맵 크기조정]을 클릭한 다음 '맵 크기 수정하기'에서 너비(32), 높이(24)로 설정하고 <저장> 단추를 클릭합니다.

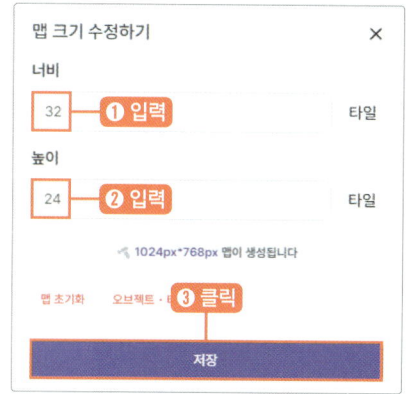

3. 화면 오른쪽 바닥 속성에서 <배경 화면 설정> 단추를 클릭한 후, [열기] 대화상자가 나오면 [불러올 파일]-[컴퓨터]-'컴퓨터.jpg' 파일을 선택하고 <열기> 단추를 클릭합니다.

4. 다음과 같이 '다양한 시민 캐릭터', '가이드 오브젝트(iso)'를 배치합니다.
   ※ 가이드 오브젝트(iso)의 크기 : W(50), H(50)

5 다음과 같이 [타일 효과]-'지정 영역'을 맵에 표시합니다.
※ **영역 이름** : ① 쿨러, ② cpu, ③ 메모리, ④ 저장장치, ⑤ 메인보드, ⑥ 그래픽카드, ⑦ 파워

6 맵에 '포털'과 '스폰'을 표시합니다.
※ **포털** : '맵 내 지정 영역으로 이동', ① 쿨러, ② cpu, ③ 메모리, ④ 저장장치, ⑤ 메인보드, ⑥ 그래픽카드, ⑦ 파워

3 팝업 기능 이용하기

1 [오브젝트]-[도장]을 클릭하고 '지정 영역-쿨러' 타일 위에 배치한 '가이드 오브젝트'를 클릭한 다음 [오브젝트 설정]에서 '팝업 기능-이미지 팝업'을 클릭합니다.

2 '오브젝트 설정'에서 <파일 선택> 단추를 클릭한 다음 [열기] 대화상자가 나오면 [불러올 파일]-[CHAPTER 18]-'쿨러.jpg' 파일을 선택하고 <열기> 단추를 클릭합니다.

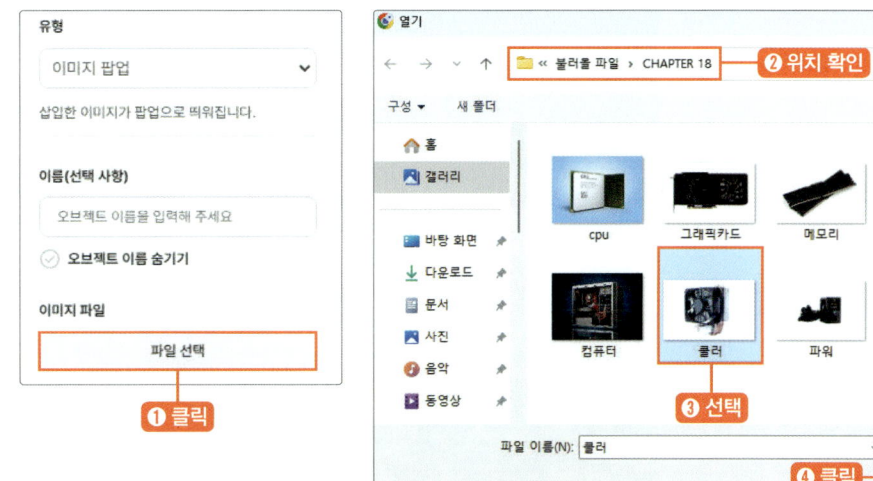

3 이미지 파일이 크다는 메시지가 나오면 <변경> 단추를 클릭합니다.
※ 이미지 크기가 1024px 미만이면 메시지는 나오지 않습니다.

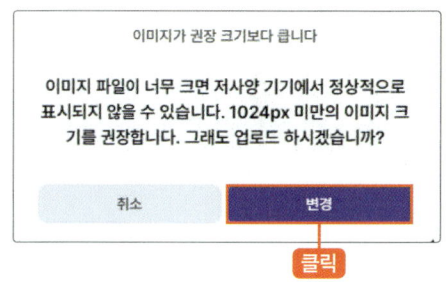

4 같은 방법으로 '가이드 오브젝트'에 '이미지 팝업'을 설정해 봅니다.
※ ① cpu, ② 메모리, ③ 저장장치, ④ 메인보드, ⑤ 그래픽카드, ⑥ 파워

5 모든 설정이 끝나면 오른쪽 상단 <저장 후 플레이> 단추를 클릭한 다음 포털을 이동하여 각 컴퓨터 부품에 맞게 이동하는지 확인합니다.

6 컴퓨터 부품에 이동하면 이미지 팝업이 되는지 확인합니다.

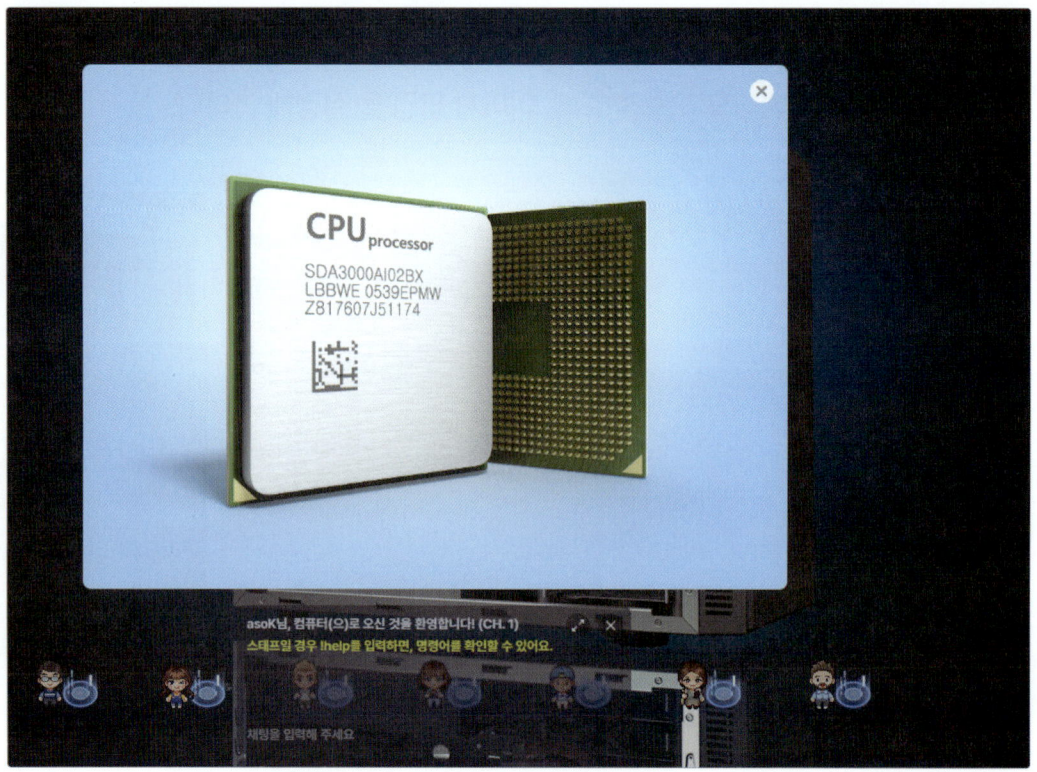

 **18 미션 수행하기**

■ 불러올 파일 : 없음   ■ 완성된 파일 : 없음

1 말풍선 표시하기

- [오브젝트] : '다양한 시민 캐릭터'에 다가가면 담당 포털에 연결된 컴퓨터 부품에 대한 설명이 말풍선으로 표시되도록 설정해 봅니다.
- [오브젝트 설정]-[말풍선 표시], '말풍선 종류-고정 말풍선', '실행 방법-바로 실행'
- '말풍선 텍스트'는 '인터넷'이나 'AI 고양이'를 활용하여 관련 정보를 조사해서 입력해 봅니다.

- 컴퓨터 부품에 대한 설명
  ① 쿨러 : 컴퓨터의 열을 식혀주는 장치입니다.
  ② CPU : CPU(중앙 처리 장치)는 컴퓨터에서 기억, 해석, 연산, 제어라는 4대 주요 기능을 관할하는 장치입니다.
  ③ 메모리 : 데이터나 명령을 컴퓨터 내부에서 계산 처리한 결과를 기억하는 장치입니다.
  ④ 저장장치 : 컴퓨터 시스템에서 처리하는 명령어나 그 결과값을 저장하는 장치입니다.
  ⑤ 메인보드 : 기본 회로와 부품을 담고 있는 장치입니다.
  ⑥ 그래픽카드 : 컴퓨터에서 처리되는 결과를 모니터로 보내는 장치입니다.
  ⑦ 파워 : 컴퓨터에 안정적인 전원을 공급하는 장치입니다.

학습목표 - 포털을 지정 영역 또는 다른 맵으로 연결하는 방법을 알아봅니다.

 **스페이스 만들기**

1. ZEP 홈에서 [+스페이스 만들기]-[빈 맵에서 시작하기]를 클릭한 후, 스페이스 이름(버스여행)을 입력한 후, <만들기> 단추를 클릭합니다.

2. 맵 에디터 화면이 나오면 상단 툴바에서 [맵 크기조정]을 클릭한 후, '맵 크기 수정하기'에서 너비(32), 높이(24)로 설정한 다음 <저장> 단추를 클릭합니다.

3. 화면 오른쪽 바닥 속성에서 <배경 화면 설정> 단추를 클릭한 후, [열기] 대화상자가 나오면 [불러올 파일]-[CHAPTER 19]-'배경1.jpg' 파일을 선택하고 <열기> 단추를 클릭합니다.

4 이어서, <앞화면 설정하기>를 클릭하여 [불러올 파일]-[CHAPTER 19]-'배경1(앞화면).png' 파일을 선택한 다음 <열기> 단추를 클릭합니다.

5 배경 화면 설정이 끝나면 다음과 같이 '통과 불가', '스폰', '지정 영역', '포털' 영역을 순서대로 지정해 봅니다.
   ※ 지정 영역 속성 : '영역 이름-① 1층, ② 2층, ③ 3층'
      포털 속성 : '맵 내 지정 영역으로 이동', ④ 2층, ⑤ 3층, ⑥ 1층'

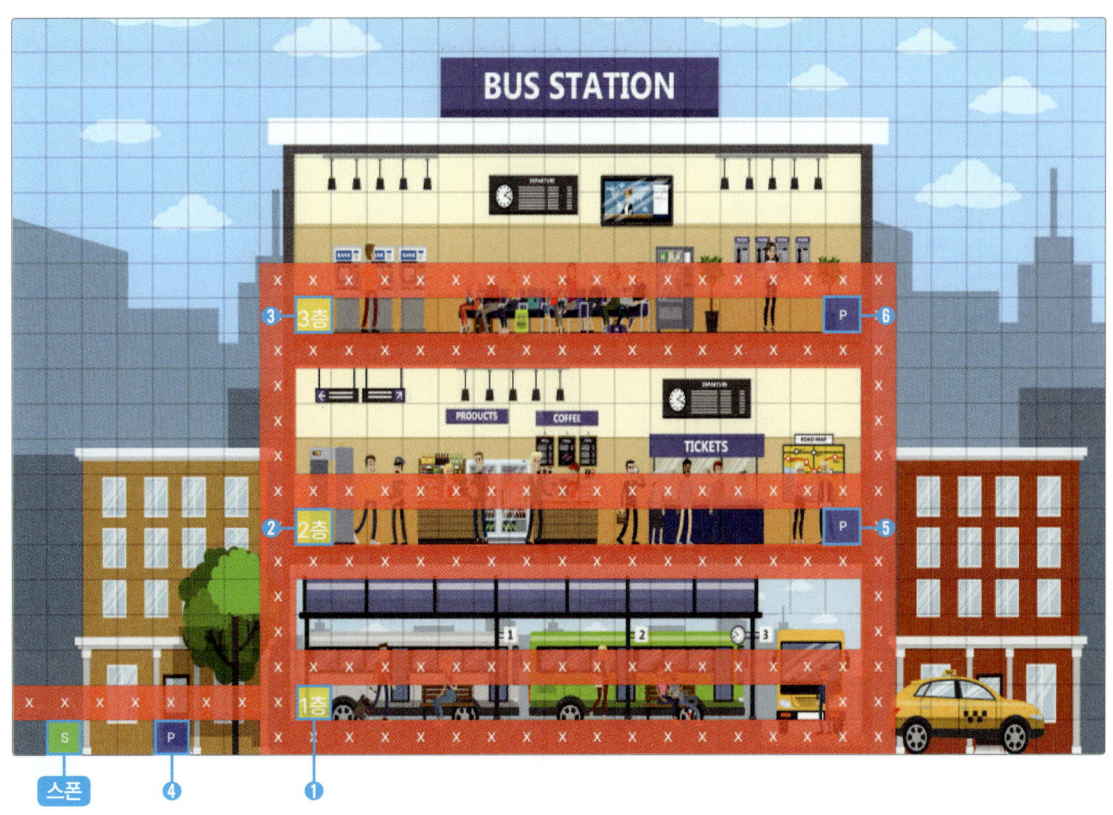

CHAPTER 19 버스 여행 **121**

6 '타일 효과' 설정이 끝나면 상단 툴바에서 [오브젝트]를 클릭한 후, 다음과 같이 '행사 가이드 캐릭터'를 배치하고 속성을 지정해 봅니다.

※ 오브젝트 설정 : '표시 기능-말풍선 표시', '실행 방법-바로 실행'
① **말풍선 텍스트** : 1. 승차권을 구매해 주세요.
② **말풍선 텍스트** : 2. 승차권을 구매하셨다면 3층에서 출발 시간까지 기다려 주세요.
③ **말풍선 텍스트** : 3. 출발 시간에 맞춰 1층 승강장으로 이동해 주세요.
④ **말풍선 텍스트** : 4. 도착지를 확인하신 후 버스에 탑승해 주세요.

2 스페이스에 새 맵 추가하기

1 '맵 관리자'에서 <+새 맵 추가하기> 단추를 클릭합니다.

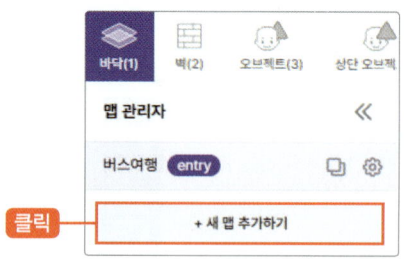

2 '템플릿 고르기'에서 [빈 맵에서 시작하기]를 클릭해서 이름(버스여행2)을 입력한 다음 <만들기> 단추를 클릭합니다.

3 맵 에디터 화면이 나오면 상단 툴바에서 [맵 크기조정]을 클릭한 후, '맵 크기 수정하기'에서 너비(20), 높이(15)로 설정한 다음 <저장> 단추를 클릭합니다.

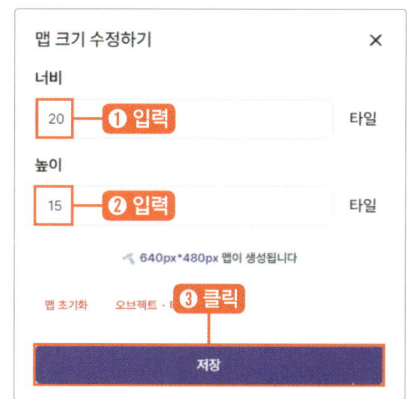

4 화면 오른쪽 바닥 속성에서 [배경 화면 설정]을 클릭한 후, [열기] 대화상자가 나오면 [불러올 파일]-[CHAPTER 19]-'배경2.jpg' 파일을 선택하고 <열기> 단추를 클릭합니다.

5 배경 화면이 나오면 [앞화면 설정하기]를 클릭한 후, [불러올 파일]-[CHAPTER 19]-'배경2(앞화면).png' 파일을 선택하고 <열기> 단추를 클릭합니다.

6 '버스여행2' 맵을 만들었다면 같은 방법으로 '버스여행3' 맵도 만들어 봅니다.

CHAPTER 19 버스 여행

7 배경 화면 설정이 끝나면 다음과 같이 '통과 불가', '스폰', '포털'을 지정해 줍니다.
   ※ **포털** : '스페이스 내 다른 맵으로 이동', '이동할 맵-버스여행3'

8 같은 방법으로 '버스여행3'을 클릭하고 다음과 같이 '통과 불가', '스폰' 영역을 지정해 봅니다.

9 '맵 관리자'에서 '버스여행'을 클릭하고 1층 오른쪽에 다음과 같이 '포털'을 지정해 봅니다.
   ※ **포털** : '스페이스 내 다른 맵으로 이동', '이동할 맵-버스여행2'

10 모든 설정이 끝나면 '맵 관리자'에서 '버스여행'을 클릭한 후, 오른쪽 상단 <저장 후 플레이> 단추를 클릭하여 맵을 확인해 봅니다.

19 미션 수행하기

■ 불러올 파일 : 없음   ■ 완성된 파일 : 없음

1 버스 안 '포털'의 속성을 '포털 오브젝트 숨기기'로 설정해 봅니다.

2 버스를 이용할 때 지켜야 하는 안전 수칙에 대해 알아보고 'NPC 오브젝트'를 추가해서 '말풍선 표시' 기능을 이용하여 표시해 봅니다.

 **20 퀴즈 만들기**

■ 불러올 파일 : 이미지 파일   ■ 완성된 파일 : 없음

학습목표 ▶ - 포털 선택에 따라 맵을 이동할 수 있는 방법을 알아봅니다.

1 스페이스 만들기

1 ZEP 홈에서 [+스페이스 만들기]-[빈 맵에서 시작하기]를 클릭한 후, 스페이스 이름(퀴즈)을 입력한 다음 <만들기> 단추를 클릭합니다.

2 맵 에디터 화면이 나오면 상단 툴바에서 [맵 크기조정]을 클릭한 후, '맵 크기 수정하기'에서 너비(20), 높이(14)로 설정한 다음 <저장> 단추를 클릭합니다.

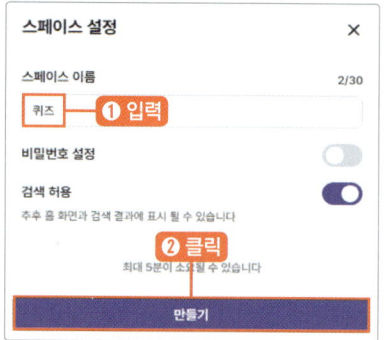

3 화면 오른쪽 바닥 속성에서 <배경 화면 설정> 단추를 클릭한 후, [열기] 대화상자가 나오면 [불러올 파일]-[CHAPTER 20]-'대기실.jpg' 파일을 선택하고 <열기> 단추를 클릭합니다.

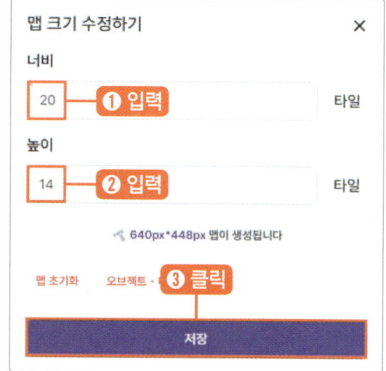

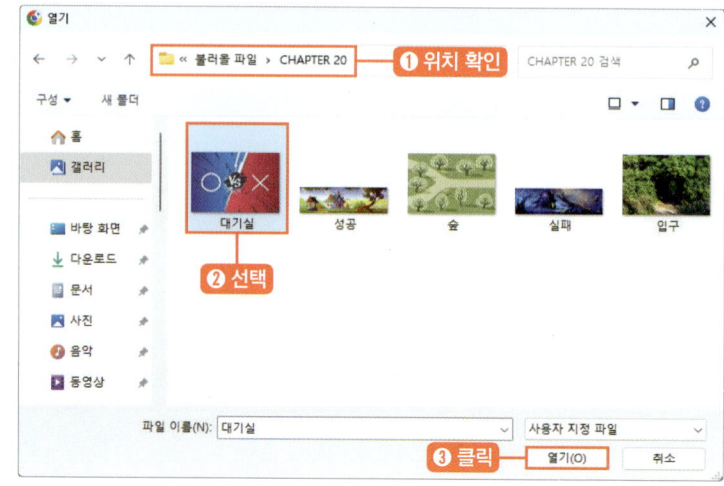

126 메타버스 ZEP

 ## 스페이스에 새 맵 추가하기

1 화면 왼쪽 '맵 관리자'에서 [퀴즈]-[맵 복사(󰀁)]를 클릭하여 맵을 복사합니다.

2 [Copy_퀴즈]-[맵 설정(󰀁)]을 클릭한 다음 이름(입구)을 입력하고 <저장> 단추를 클릭합니다.
   ※ [퀴즈] 맵의 이름(대기실)로 변경합니다.

3 [입구] 맵을 클릭하고 화면 오른쪽 바닥 속성에서 <배경 화면 설정>-<변경> 단추를 클릭한 후, [열기] 대화상자가 나오면 [불러올 파일]-[CHAPTER 20]-'입구.jpg' 파일을 선택하고 <열기> 단추를 클릭합니다.

4 이어서, <앞화면 설정하기>-<변경> 단추를 클릭한 후, [불러올 파일]-[CHAPTER 20]-'입구(앞화면).png' 파일을 선택하고 <열기> 단추를 클릭합니다.

5 화면 왼쪽 '맵 관리자'에서 <+새 맵 추가하기> 단추를 클릭합니다.

6 '템플릿 고르기'에서 [빈 맵에서 시작하기]를 클릭한 후, 이름(성공)을 입력한 다음 <만들기> 단추를 클릭합니다.

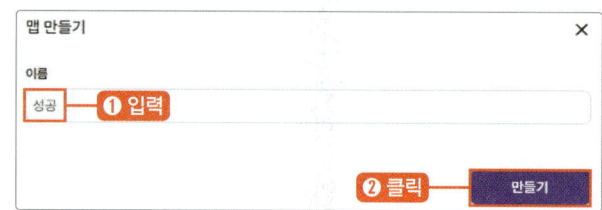

7 맵 에디터 화면이 나오면 상단 툴바에서 [맵 크기조정]을 클릭한 후, '맵 크기 수정하기'에서 너비(20), 높이(6)으로 설정한 다음 <저장> 단추를 클릭합니다.

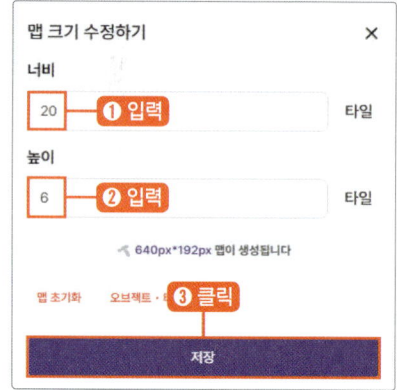

8 화면 오른쪽 바닥 속성에서 <배경 화면 설정> 단추를 클릭한 후, [열기] 대화상자가 나오면 [불러올 파일]-[CHAPTER 20]-'성공.jpg' 파일을 선택하고 <열기> 단추를 클릭합니다.

9 화면 왼쪽 '맵 관리자'에서 [성공]-[맵 복사(📋)]를 클릭해서 맵을 복사합니다.

10 [Copy_성공]-[맵 설정(⚙)]을 클릭해서 이름(실패)을 변경한 다음 <저장> 단추를 클릭합니다.

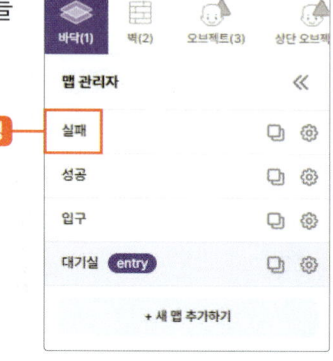

11 [실패] 맵을 클릭하고 화면 오른쪽 바닥 속성에서 <배경 화면 설정>-<변경> 단추를 클릭한 후, [열기] 대화상자가 나오면 [불러올 파일]-[CHAPTER 20]-'실패.jpg' 파일을 선택하고 <열기> 단추를 클릭합니다.

12 화면 왼쪽 '맵 관리자'에서 <+새 맵 추가하기> 단추를 클릭합니다.

13 '템플릿 고르기'에서 [빈 맵에서 시작하기]를 클릭한 후, 이름(문제1)을 입력한 다음 <만들기> 단추를 클릭합니다.

14 맵 에디터 화면이 나오면 상단 툴바에서 [맵 크기조정]을 클릭한 후, '맵 크기 수정하기'에서 너비(20), 높이(14)로 설정한 다음 <저장> 단추를 클릭합니다.

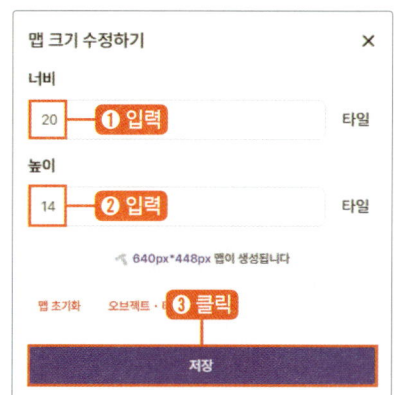

15 화면 오른쪽 바닥 속성에서 <배경 화면 설정> 단추를 클릭한 후, [열기] 대화상자가 나오면 [불러올 파일]-[CHAPTER 20]-'숲.jpg' 파일을 선택하고 <열기> 단추를 클릭합니다.

16 이어서, <앞화면 설정하기> 단추를 클릭한 후, [열기] 대화상자가 나오면 [불러올 파일]-[CHAPTER 20]-'숲(앞화면).png' 파일을 선택하고 <열기> 단추를 클릭합니다.

3 타일 효과를 지정하고 오브젝트 배치하기

1 [대기실] 맵을 클릭한 다음 상단 툴바에서 [타일 효과]와 [상단 오브젝트]를 사용하여 다음과 같이 '스폰' 영역과 '포털' 그리고 'NPC 오브젝트'를 지정해 봅니다.

※ **포털 속성** : '스페이스 내 다른 맵으로 이동', '이동할 맵-입구', '포털 오브젝트 숨기기'
 오브젝트 설정 : '표시 기능-말풍선 표시', '말풍선 텍스트-OX 게임에 오신 걸 환영합니다. 시작하시려면 중앙으로 이동해서 F 키를 눌러 주세요.', '실행 범위-5', '실행 방법-바로 실행'

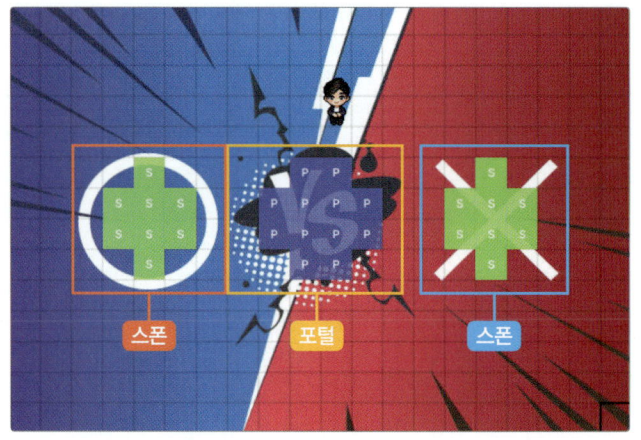

2 [입구] 맵을 클릭하여 상단 툴바에서 [타일 효과]와 [상단 오브젝트]를 사용하여 다음과 같이 '통과 불가', '스폰', '포털' 그리고 'NPC 오브젝트'를 지정해 봅니다.

※ **포털 속성** : '스페이스 내 다른 맵으로 이동', '이동할 맵-문제1', '이동 방법-바로 이동', '포털 오브젝트 숨기기'
 오브젝트 설정 : '표시 기능-말풍선 표시', '말풍선 텍스트-OX 퀴즈를 맞혀야 빠져나갈 수 있는 숲에 오셨습니다. 아래쪽으로 가시면 시작합니다.', '실행 범위-5', '실행 방법-바로 실행'

3 [문제1] 맵을 클릭하여 다음과 같이 '통과 불가', '스폰' 영역을 지정해 봅니다.

4 다음과 같이 '행사 가이드 캐릭터'와 '가이드 오브젝트 (iso)'를 배치하고 속성을 지정해 봅니다.
   ※ ① [상단 오브젝트], 좌우 반전, 크기 조절(%)–W(50), H(50)
      ② [오브젝트], 좌우 반전, 크기 조절(%)–W(50), H(50)
      ③ '표시 기능–말풍선 표시', '실행 범위–5', '실행 방법–바로 실행'
         '말풍선 텍스트–메타버스와 ZEP은 관련이 있다. 맞으면 O, 틀리면 X.'

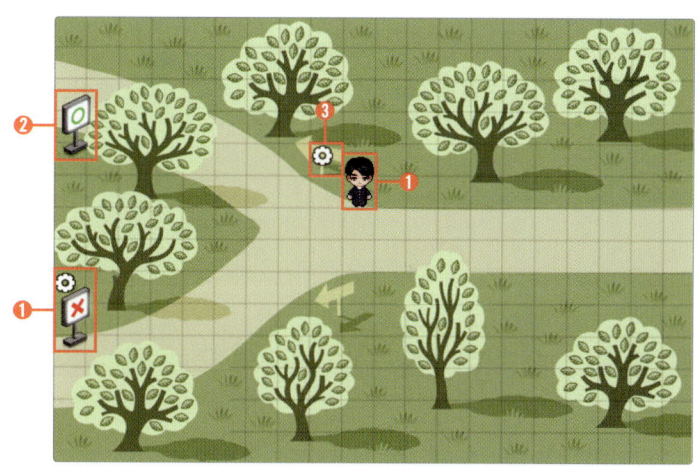

5 화면 왼쪽 맵 관리자 속성에서 [문제1]–[맵 복사(□)]를 4번 클릭하여 총 5개의 맵을 만듭니다.

6 맵이 복사되면 [Copy_문제1]-[맵 설정(⚙)]을 클릭한 후, 이름(문제2)을 변경한 다음 <저장> 단추를 클릭합니다.

7 같은 방법으로 나머지 맵들도 이름을 다음과 같이 변경합니다.
- Copy_Copy_문제1 → 문제3
- Copy_Copy_Copy_문제1 → 문제4
- Copy_Copy_Copy_Copy_문제1 → 문제5

8 [문제2] 맵을 클릭하여 상단 툴바에서 [오브젝트]를 클릭한 후, 'NPC 오브젝트'의 오브젝트 설정(⚙)을 클릭하여 속성을 변경해 줍니다.
- '말풍선 텍스트-빵의 주원료는 밀가루입니다. 맞으면 O, 틀리면 X.'

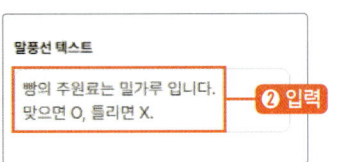

9 같은 방법으로 다음과 같이 [NPC 오브젝트]-[말풍선 텍스트]의 내용을 변경해 봅니다.
- [문제3] 맵 : '하늘을 지키는 육군입니다. 맞으면 O, 틀리면 X.'
- [문제4] 맵 : '범죄 신고는 112입니다. 맞으면 O, 틀리면 X.'
- [문제5] 맵 : '병원과 관련된 직업은 의사입니다. 맞으면 O, 틀리면 X.'

10 [문제1] 맵을 클릭하고 다음과 같이 '포털'을 만들어 줍니다.
  ※ 문제 1번의 정답은 'O'입니다. 그러므로 정답 포털에 맵 이동을 지정합니다.
    포털 : '이동 방법-바로 이동', '포털 오브젝트 숨기기'
    ① '스페이스 내 다른 맵으로 이동', '이동할 맵-문제2'
    ② '맵 내 지정 영역으로 이동', '지정 영역-맵 스폰 영역'

11. **[문제2]** 맵을 클릭하고 다음과 같이 '포털'을 만들어 줍니다.
    ※ 문제 2번의 정답은 'O'입니다.
       포털 : '이동 방법-바로 이동', '포털 오브젝트 숨기기'
       ① '스페이스 내 다른 맵으로 이동', '이동할 맵-문제3'
       ② '맵 내 지정 영역으로 이동', '지정 영역-맵 스폰 영역'

12. **[문제3]** 맵을 클릭하고 다음과 같이 '포털'을 만들어 줍니다.
    ※ 문제 3번의 정답은 'X'입니다.
       포털 : '이동 방법-바로 이동', '포털 오브젝트 숨기기'
       ① '맵 내 지정 영역으로 이동', '지정 영역-맵 스폰 영역'
       ② '스페이스 내 다른 맵으로 이동', '이동할 맵-문제4'

13. **[문제4]** 맵을 클릭하고 다음과 같이 '포털'을 만들어 줍니다.
    ※ 문제 4번의 정답은 'O'입니다.
       포털 : '이동 방법-바로 이동', '포털 오브젝트 숨기기'
       ① '스페이스 내 다른 맵으로 이동', '이동할 맵-문제5'
       ② '맵 내 지정 영역으로 이동', '지정 영역-맵 스폰 영역'

14. **[문제5]** 맵을 클릭하고 다음과 같이 '포털'을 만들어 줍니다.
    ※ 문제 5번의 정답은 'O'입니다.
       포털 : '이동 방법-바로 이동', '포털 오브젝트 숨기기'
       ① '스페이스 내 다른 맵으로 이동', '이동할 맵-성공'
       ② '스페이스 내 다른 맵으로 이동', '이동할 맵-실패'

15. **[성공]** 맵을 클릭하고 다음과 같이 '통과 불가', '스폰' 그리고 'NPC 오브젝트'를 만들어 줍니다.
    ※ **오브젝트 설정** : '표시 기능-말풍선 표시', '잘 도착하셨군요~', '실행 범위-2', '실행 방법-바로 실행'

16. **[실패]** 맵을 클릭하고 다음과 같이 '통과 불가', '스폰', '포털' 그리고 'NPC 오브젝트'를 만들어 줍니다.
    ※ **포털 속성** : '스페이스 내 다른 맵으로 이동', '이동할 맵-입구'
    오브젝트 설정 : '표시 기능-말풍선 표시', '말풍선 텍스트-돌..아..가...', '실행 범위-2', '실행 방법-바로 실행'
    '유령' 오브젝트 : [오브젝트]-[나의 오브젝트]-<+추가>-[불러올 파일]-[CHAPTER 20] 폴더

17 모든 설정이 끝나면 [대기실] 맵을 클릭한 후, 오른쪽 상단 <저장 후 플레이>를 클릭하여 맵을 확인해 봅니다.

 **20 미션 수행하기**

 문제를 출제하는 'NPC 오브젝트'의 외형을 문제와 관련된 모양으로 바꾸어 봅니다.

CHAPTER 21 오브젝트(애니메이션) 기능 활용하기

■ 불러올 파일 : 이미지 파일   ■ 완성된 파일 : 없음

학습목표 - 맵에 움직이는 오브젝트를 추가해 봅니다.

1 스페이스 만들기

 ZEP 홈에서 [+스페이스 만들기]-[빈 맵에서 시작하기]를 클릭한 후, 스페이스 이름(애니메이션)을 입력한 다음 <만들기> 단추를 클릭합니다.

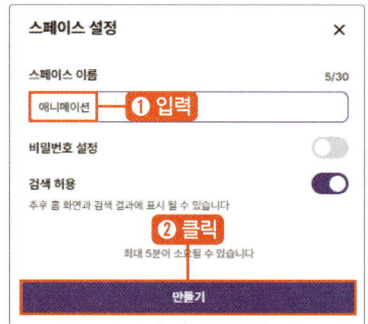

② 맵 에디터 화면이 나오면 상단 툴바에서 [맵 크기조정]을 클릭한 후, '맵 크기 수정하기'에서 너비(32), 높이(24)로 설정한 다음 <저장> 단추를 클릭합니다.

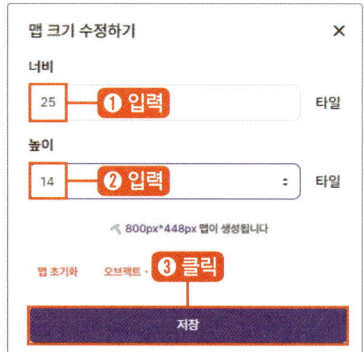

③ 화면 오른쪽 바닥 속성에서 <배경 화면 설정> 단추를 클릭한 후, [열기] 대화상자가 나오면 [불러올 파일]-[CHAPTER 21]-'공원.jpg' 파일을 선택하고 <열기> 단추를 클릭합니다.

136 메타버스 ZEP

4 이어서, <앞화면 설정하기> 단추를 클릭한 후, '공원(앞화면).png' 파일을 선택하고 <열기> 단추를 클릭합니다.

5 다음과 같이 '통과 불가', '스폰'을 지정합니다.

6 '타일 효과' 설정이 끝나면 상단 툴바에서 [오브젝트]를 클릭한 후, 오른쪽 오브젝트 속성에서 [나의 오브젝트]-<+추가> 단추를 클릭합니다.

7 [열기] 대화상자가 나오면 [불러올 파일]-[CHAPTER 21]-'줄넘기.png'를 선택한 후, <열기> 단추를 클릭합니다.

CHAPTER 21 오브젝트(애니메이션) 기능 활용하기 **137**

8 [나의 오브젝트]를 클릭하여 추가된 '줄넘기'를 다음과 같이 배치해 봅니다.

9 '줄넘기' 오브젝트의 [오브젝트 설정]에서 '표시 기능'을 '애니메이션 기능'으로 선택한 후, '이미지 스프라이트 파일'의 <파일 선택> 단추를 클릭한 다음 '줄넘기(연속).png' 파일을 선택하고 <열기> 단추를 클릭합니다.

10 이어서, 이미지 가로 크기(640), 이미지 세로 크기(64), 프레임 수(4), 실행 범위(1), 실행 방법(F 키를 눌러 실행)으로 지정합니다.

> **TIP** 이미지의 크기와 프레임 수 확인하기
> - 이미지의 크기는 탐색기에서 파일의 [속성]-[자세히]에서 알아볼 수 있습니다.
> - 프레임 수는 애니메이션으로 사용할 그림 파일을 열어서 동작의 수를 알아봅니다.

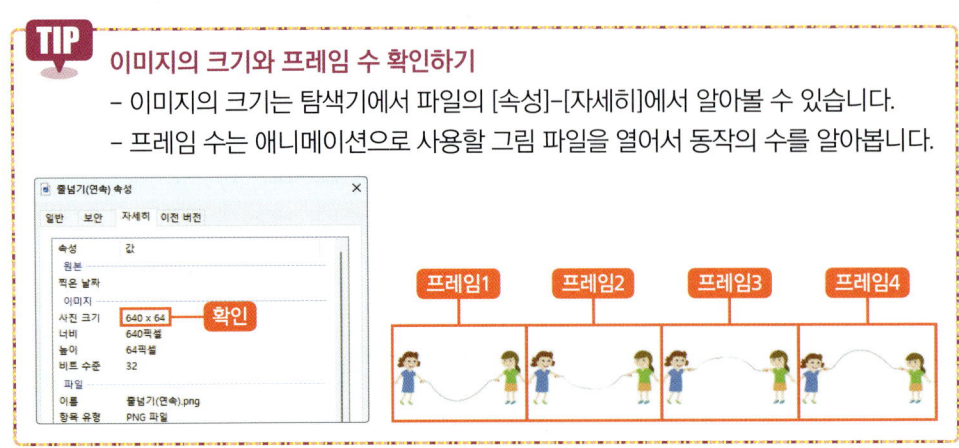

138 메타버스 ZEP

11 같은 방법으로 '트램폴린'을 타는 아이를 추가해 봅니다.

※ 나의 오브젝트 추가 : [불러올 파일]-[CHAPTER 21]-'트램폴린.png'
애니메이션 기능 : [불러올 파일]-[CHAPTER 21]-'트램폴린(연속).png'
애니메이션 이미지 : 가로 크기(672), 세로 크기(157), 프레임 수(7), 실행 범위(1), 실행 방법([F] 키를 눌러 실행)

12 모든 설정이 끝나면 오른쪽 상단 <저장 후 플레이>를 클릭하여 맵을 확인해 봅니다.

2 스페이스에 새 맵 추가하기

1 [맵 에디터]에서 [+새 맵 추가하기]-[빈 맵에서 시작하기]-'런닝머신' 맵을 만듭니다. 이어서, 맵 크기는 너비(32), 높이(24)를 설정한 다음 [불러올 파일]-[CHAPTER 21]-'런닝머신.png' 배경 화면을 지정합니다.

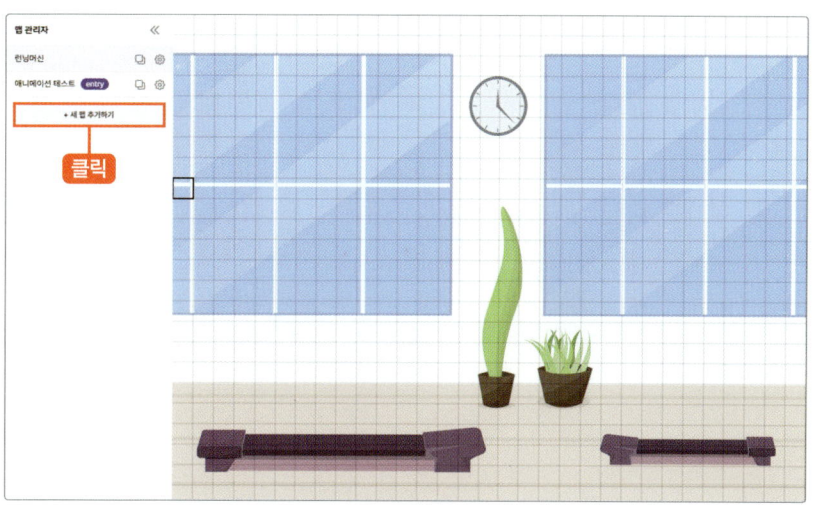

2 런닝머신 위에 다음과 같이 오브젝트를 배치하고 애니메이션 기능을 적용합니다.

※ **나의 오브젝트 추가** : [불러올 파일]-[CHAPTER 21]-'남자달리기.png', '달리는강아지.png'
 애니메이션 기능 : [불러올 파일]-[CHAPTER 21]-'남자달리기(연속).png', '달리는강아지(연속).png'
 남자 애니메이션 이미지 : 가로 크기(1792), 세로 크기(320), 프레임 수(8), 실행 범위(3), 실행 방법([F] 키를 눌러 실행)
 강아지 애니메이션 이미지 : 가로 크기(480), 세로 크기(64), 프레임 수(5), 실행 범위(3), 실행 방법([F] 키를 눌러 실행)

■ 불러올 파일 : 이미지 파일   ■ 완성된 파일 : 없음

1 '런닝머신' 맵을 복사한 다음 운동을 하는 여자와 고양이로 변경하여 봅니다.

※ **나의 오브젝트 추가** : [불러올 파일]-[CHAPTER 21]-'여자달리기.png', '걷는고양이.png'
애니메이션으로 사용할 이미지의 크기와 프레임 수를 알아보고 적용합니다.

2 각 맵을 이동할 수 있도록 '스폰'과 '포털'을 만들어 봅니다.

CHAPTER 21 오브젝트(애니메이션) 기능 활용하기 **141**

CHAPTER 22 판타지 세상 만들기

📁 불러올 파일 : 이미지 파일   📗 완성된 파일 : 없음

학습목표 – 오브젝트를 교체하는 이벤트를 만들어 봅니다.

1 스페이스 만들기

1. ZEP 홈에서 [+스페이스 만들기]-[빈 맵에서 시작하기]를 클릭한 후, 스페이스 이름(판타지)을 입력한 다음 <만들기> 단추를 클릭합니다.

2. 맵 에디터 화면이 나오면 상단 툴바에서 [맵 크기조정]을 클릭한 후, '맵 크기 수정하기'에서 너비(32), 높이(12)로 설정한 다음 <저장> 단추를 클릭합니다.

3. 화면 오른쪽 바닥 속성에서 <배경 화면 설정> 단추를 클릭한 후, [열기] 대화상자가 나오면 [불러올 파일]-[CHAPTER 22]-'성_외부.jpg' 파일을 선택하고 <열기> 단추를 클릭합니다.

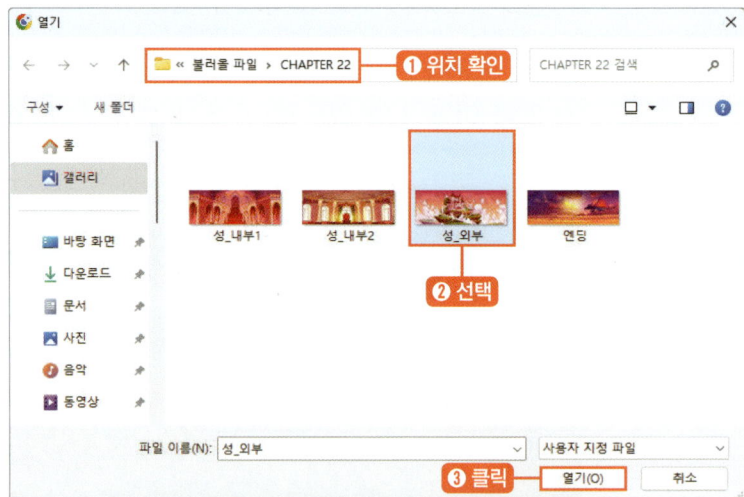

2 스페이스에 새 맵 추가하기

1. 화면 왼쪽 '맵 관리자'에서 [판타지]-[맵 복사()]를 클릭하여 맵을 복사합니다.

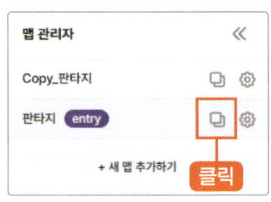

2 [Copy_판타지]-[맵 설정(⚙)]을 클릭해서 이름(내부1)을 변경하고 <저장> 단추를 클릭합니다.

   ※ [판타지] 맵의 이름(외부)으로 변경합니다.

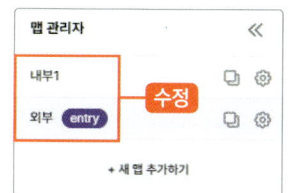

3 [내부1] 맵을 클릭하고 화면 오른쪽 바닥 속성에서 <배경 화면 설정>-<변경> 단추를 클릭한 후, [열기] 대화상자가 나오면 [불러올 파일]-[CHAPTER 22]-'성_내부1.jpg' 파일을 선택하고 <열기> 단추를 클릭합니다.

4 이어서, <앞화면 설정하기> 단추를 클릭한 후, [불러올 파일]-[CHAPTER 22]-'성_내부1(앞화면).png' 파일을 선택하고 <열기> 단추를 클릭합니다.

5 같은 방법으로 [외부] 맵을 다시 한번 복사하고 이름(내부2)을 변경한 후, [내부2] 맵의 배경 화면을 '성_내부2.jpg' 파일로 변경합니다.

6 [외부] 맵을 클릭하고 다음과 같이 '통과 불가', '스폰', '지정영역' 그리고 '포털'을 만들어 봅니다.

   ※ ① 포털 : '맵 내 지정 영역으로 이동', '지정 영역-1', '이동 방법-바로 이동', '포털 오브젝트 숨기기'
   　② 포털 : '맵 내 지정 영역으로 이동', '지정 영역-2', '이동 방법-바로 이동', '포털 오브젝트 숨기기'
   　③ 포털 : '스페이스 내 다른 맵으로 이동', '이동할 맵-내부1', '이동 방법-F 키를 눌러 이동', '포털 오브젝트 숨기기'

CHAPTER 22 판타지 세상 만들기 **143**

7 [내부1] 맵을 클릭하고 다음과 같이 '통과 불가', '스폰', '포털'을 만들어 봅니다.
   ※ **포털 속성** : '스페이스 내 다른 맵으로 이동', '이동할 맵-내부2', '이동 방법-F 키를 눌러 이동', '포털 오브젝트 숨기기'

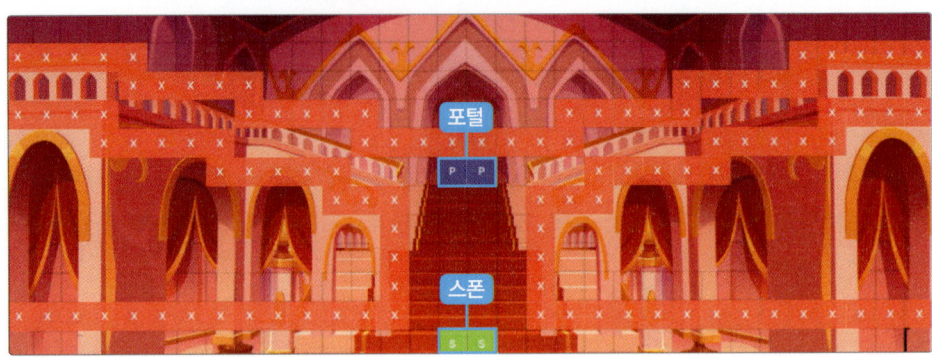

8 [내부2] 맵을 클릭하고 다음과 같이 '통과 불가', '스폰'을 만들어 봅니다.

9 [내부2] 맵의 '타일 효과' 설정이 끝나면 상단 툴바에서 [오브젝트]를 클릭한 후, 오른쪽 오브젝트 속성에서 [나의 오브젝트]-<+추가> 단추를 클릭합니다.

10 [열기] 대화상자가 나오면 [불러올 파일]-[CHAPTER 22]-'공주(흑백).png'을 선택하고 <열기> 단추를 클릭합니다.

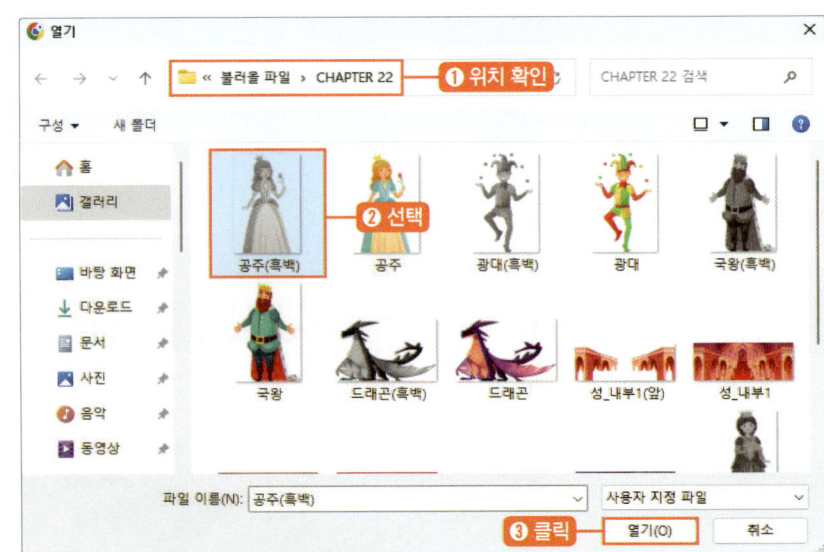

11 같은 방법으로 '광대(흑백).png', '국왕(흑백).png', '드래곤(흑백).png', '여왕(흑백).png'을 추가합니다.
　※ Ctrl 키를 사용하면 이미지를 한 번에 추가할 수 있습니다.

12 [나의 오브젝트]를 클릭하여 추가된 '여왕(흑백)', '공주(흑백)', '광대(흑백)', '국왕(흑백)', '드래곤(흑백)' 오브젝트를 다음과 같이 배치해 봅니다.

13 '드래곤(흑백)' 오브젝트의 [오브젝트 설정]에서 표시 기능(오브젝트 변경), 실행할 동작(오브젝트 교체), 이미지 파일(드래곤.png), 실행 방법(F 키를 눌러 실행)으로 지정합니다.

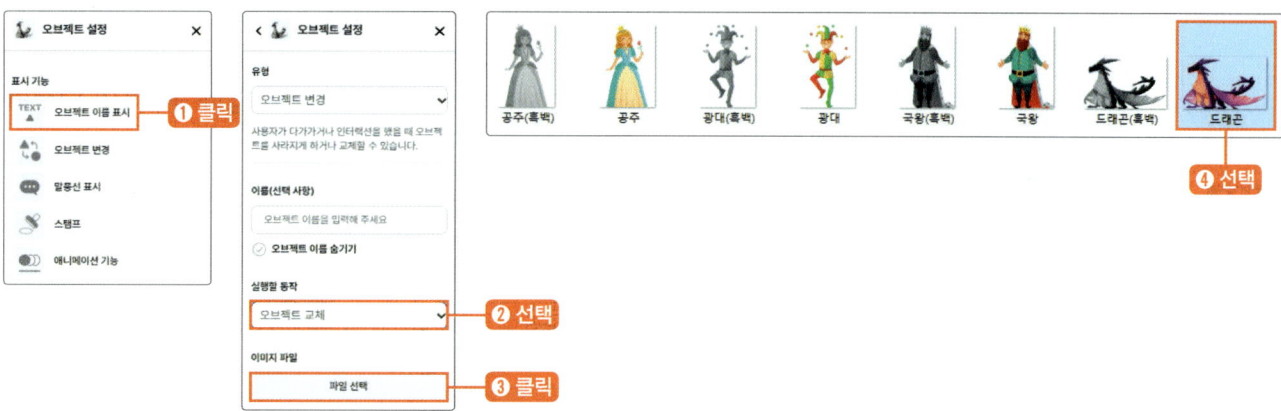

14 같은 방법으로 '국왕(흑백)', '광대(흑백)', '공주(흑백)', '여왕(흑백)' 오브젝트의 [오브젝트 설정]을 변경합니다.

15 [외부] 맵을 클릭하고 오른쪽 상단 <저장 후 플레이> 단추를 클릭하여 마법에 걸린 왕국의 사람들을 도와줍니다.

22 미션 수행하기

■ 불러올 파일 : 이미지파일　■ 완성된 파일 : 없음

1 [앤딩] 맵을 만들어 봅니다.

- 맵 이름(앤딩)
- 맵 크기조정-너비(32), (높이-12)
- 배경 화면 설정-(앤딩.png)
- 앞화면 설정하기-(앤딩(앞).png)
- 스폰 위치-(드래곤의 등)
- 앤딩 맵으로 이동하는 포털 위치는 [내부2]-'의자'

MEMO

CHAPTER 23 로봇 기지 만들기

📁 불러올 파일 : 이미지 파일   📁 완성된 파일 : 없음

학습목표
- 빈 맵에 이미지 파일을 불러온 다음 맵을 만들어 봅니다.
- AI NPC의 기능을 알아봅니다.

1 스페이스 만들기

1. ZEP 홈에서 [+스페이스 만들기]-[빈 맵에서 시작하기]를 클릭한 후, 스페이스 이름(로봇)을 입력한 다음 <만들기> 단추를 클릭합니다.

2. 맵 에디터 화면이 나오면 상단 툴바에서 [맵 크기조정]을 클릭한 후, '맵 크기 수정하기'에서 너비(32), 높이(24)로 설정한 다음 <저장> 단추를 클릭합니다.

3. 화면 오른쪽 바닥 속성에서 <배경 화면 설정>을 클릭한 후, [열기] 대화상자가 나오면 [불러올 파일]-[CHAPTER 23]-'복도.jpg' 파일을 선택하고 <열기> 단추를 클릭합니다.

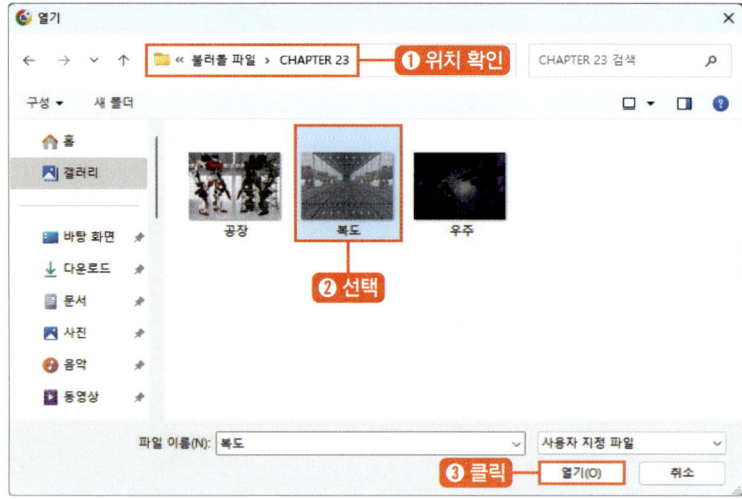

2 스페이스에 새 맵 추가하기

1. 화면 왼쪽 '맵 관리자'에서 [로봇]-[맵 복사(🗐)]를 클릭하여 맵을 복사합니다.

2 [Copy_로봇]-[맵 설정(⚙)]을 클릭해서 이름(공장)을 변경하고 <저장> 단추를 클릭합니다.
   ※ [로봇] 맵의 이름(복도)을 변경합니다.

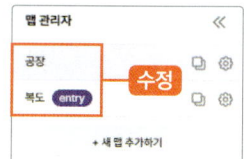

3 [공장] 맵을 클릭하고 화면 오른쪽 바닥 속성에서 <배경 화면 설정>-<변경> 단추를 클릭한 후, [열기] 대화상자가 나오면 [불러올 파일]-[CHAPTER 23]-'공장.jpg' 파일을 선택하고 <열기> 단추를 클릭합니다.

4 이어서, <앞화면 설정하기>를 클릭한 후, '공장(앞화면).png' 파일을 선택하고 <열기> 단추를 클릭합니다.

5 [복도] 맵을 클릭하여 다음과 같이 '통과 불가', '스폰', '포털'을 만들어 봅니다.
   ※ 포털 속성 : '스페이스 내 다른 맵으로 이동', '이동할 맵-공장', '이동 방법-바로 이동', '포털 오브젝트 숨기기'

6 [공장] 맵을 클릭하여 다음과 같이 '통과 불가', '스폰', '지정 영역'을 만들어 봅니다.
   ※ 지정 영역 이름(위, 아래)

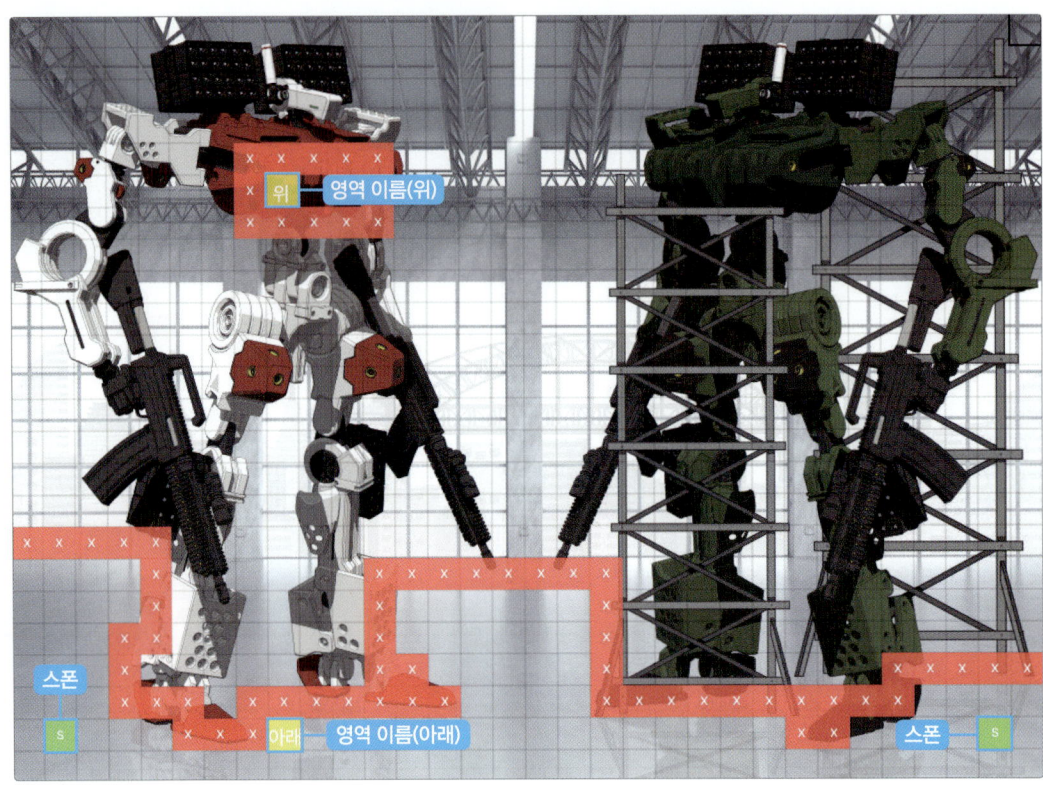

7 이어서, '포털'을 만들어 봅니다.
   ※ 포털 공통 속성 – 포털 오브젝트 숨기기
   ① **포털 속성** : '맵 내 지정 영역으로 이동', '지정 영역-위', '이동 방법-F 키를 눌러 이동'
   ② **포털 속성** : '맵 내 지정 영역으로 이동', '지정 영역-아래', '이동 방법-F 키를 눌러 이동'
   ③ **포털 속성** : '스페이스 내 다른 맵으로 이동', '이동할 맵-복도', '이동 방법-바로 이동'

8 '회사원 군중 NPC 오브젝트', '학생 군중 NPC 오브젝트', '다양한 군중 NPC 오브젝트', '다양한 직업 캐릭터1'을 다음과 같이 배치해 봅니다.

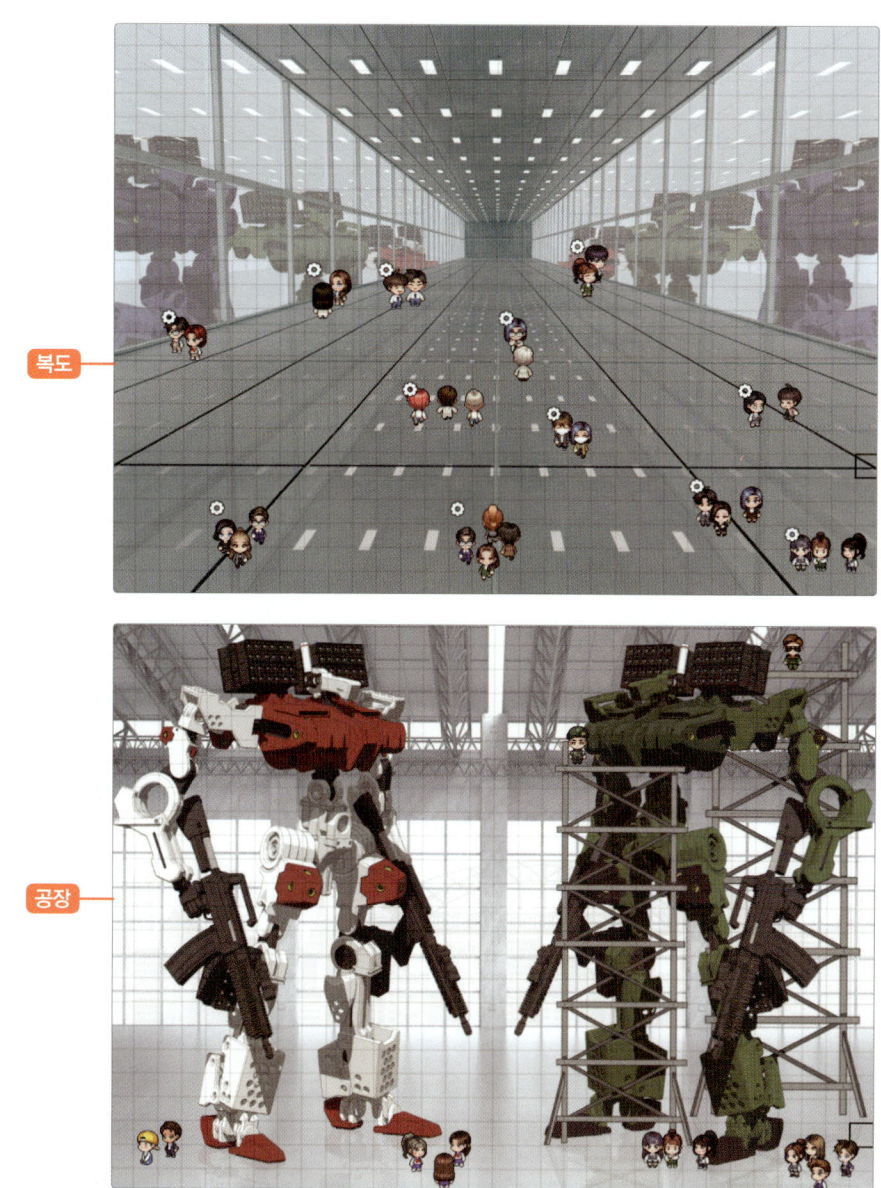

3 다양한 오브젝트 말풍선 표시

1 [공장] 맵을 클릭하여 '군인' 오브젝트의 [오브젝트 설정]에서 표시 기능(말풍선 표시), 말풍선 텍스트(출격 준비가 완료되었습니다. F 키를 누르세요.), 실행 범위(8), 실행 방법(바로 실행)으로 지정합니다.

2 [복도] 맵을 클릭하고 '학생' 오브젝트의 [오브젝트 설정]에서 [AI NPC]를 클릭합니다.

3 [오브젝트 설정]에서 NPC 이름(개발자), NPC 설명(당신은 로봇 공학자로 대화할 때 후훗, 하하 등 웃음 소리를 냅니다. 그리고 로봇이야기를 제일 좋아하는 성격입니다.), 인사말(안녕?), 실행 방법(F 키를 눌러 실행)으로 지정합니다.

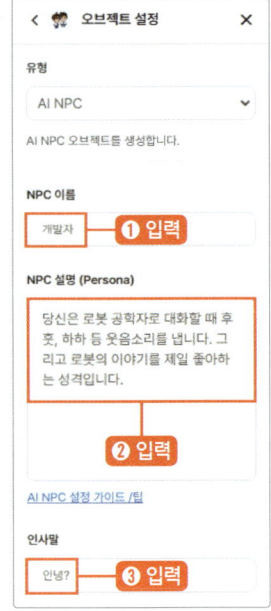

4 모든 설정이 끝나면 [복도] 맵을 클릭한 후, 오른쪽 상단 <저장 후 플레이> 단추를 클릭하여 'AI NPC'와 대화를 해봅니다.

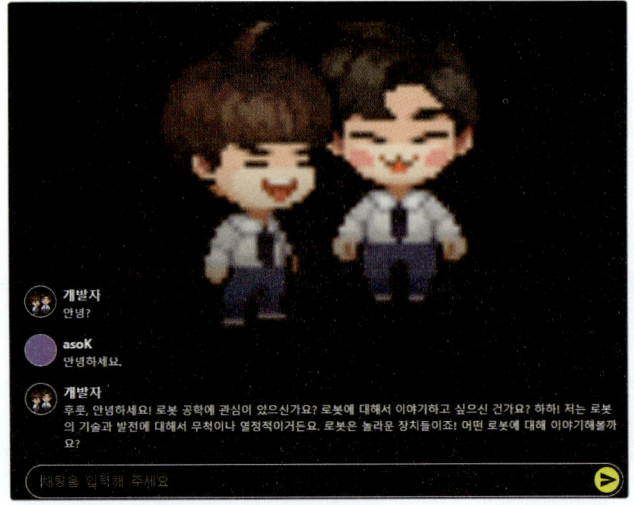
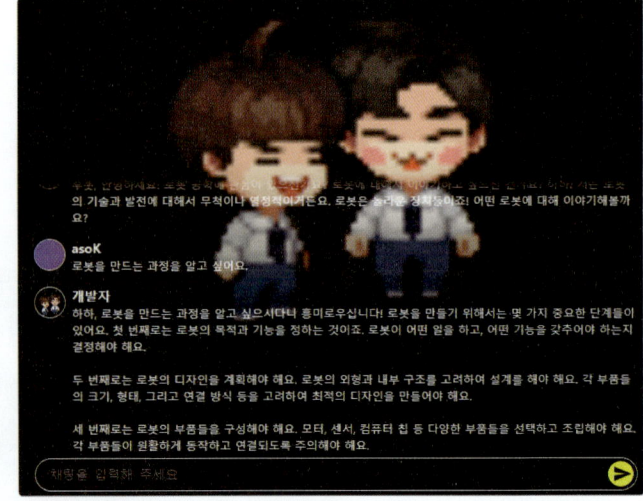

23 미션 수행하기

1 [탑승 체험] 맵을 만들어 봅니다.

- 맵 이름(우주)
- 맵 크기조정-너비(32), 높이(24)
- 배경 화면 설정(우주)
- 앞화면 설정하기(우주(앞))
- 스폰 위치(조종실)
- [공장] 맵으로 이동하는 포털 위치는 [우주]맵-'조종실'
- [우주] 맵으로 이동하는 포털 위치는 [공장]맵-'조종실'

CHAPTER 24 마을 만들기

■ 불러올 파일 : 이미지 파일   ■ 완성된 파일 : 없음

학습목표
- 움직이는 오브젝트를 추가해 봅니다.
- 맵에 외부 스페이스를 연결해 봅니다.

1 스페이스 만들기

1. ZEP 홈에서 [+스페이스 만들기]-[빈 맵에서 시작하기]를 클릭한 후, 스페이스 이름(마을)을 입력한 다음 <만들기> 단추를 클릭합니다.

2. 맵 에디터 화면이 나오면 상단 툴바에서 [맵 크기조정]을 클릭한 후, '맵 크기 수정하기'에서 너비(55), 높이(39)로 설정한 다음 <저장> 단추를 클릭합니다.

3. 화면 오른쪽 바닥 속성에서 <배경 화면 설정> 단추를 클릭한 후, [열기] 대화상자가 나오면 [불러올 파일]-[CHAPTER 24]-'마을.jpg' 파일을 선택하고 <열기> 단추를 클릭합니다.

4. 이어서, <앞화면 설정하기> 단추를 클릭한 후, '마을(앞화면_반투명).png' 파일을 선택하고 <열기> 단추를 클릭합니다.

   ※ 앞화면을 반투명 이미지로 지정하면 내 캐릭터가 투명하게 보이게 됩니다. '마을(앞화면).png'로 앞화면을 설정해도 됩니다.

5 [마을] 맵을 클릭하고 다음과 같이 '통과 불가', '스폰'을 만들어 봅니다.

6 [마을] 맵의 '타일 효과' 설정이 끝나면 상단 툴바에서 [오브젝트]를 클릭한 후, 오른쪽 오브젝트 속성에서 [나의 오브젝트]-<+추가> 단추를 클릭합니다.

7 [열기] 대화상자가 나오면 [불러올 파일]-[CHAPTER 24]-'작은풍차기둥.png'를 선택하고 <열기>단추를 클릭합니다.

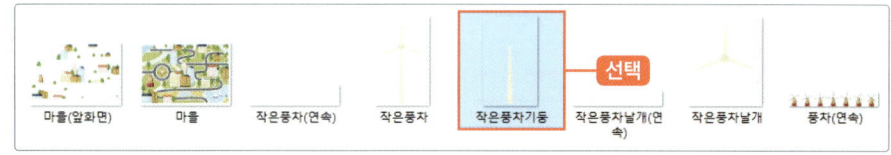

8 같은 방법으로 '작은풍차날개.png', '풍차날개.png'를 추가합니다.
   ※ Ctrl 키를 사용하면 한 번에 추가할 수 있습니다.

9 [나의 오브젝트]를 클릭하여 추가된 '작은풍차기둥', '작은풍차날개', '풍차날개' 오브젝트를 다음과 같이 배치해 봅니다.
- **오브젝트** : '작은풍차기둥'
- **상단 오브젝트** : '작은풍차날개', '풍차날개'

10 '작은풍차날개' 오브젝트의 [오브젝트 설정]에서 표시 기능(애니메이션 기능), 이미지 스프라이트 파일(작은풍차날개(연속).png)를 지정합니다.

11 이어서, 이미지 가로 크기(672), 이미지 세로 크기(116), 프레임 수(7), 실행 범위(1), 실행 방법(F 키를 눌러 실행)으로 지정합니다.

12 같은 방법으로 '풍차날개' 오브젝트의 [오브젝트 설정]도 지정해 봅니다.
  ※ 이미지 스프라이트 파일(풍차날개(연속))
    이미지 가로 크기(2464), 이미지 세로 크기(352), 프레임 수(7), 실행 범위(1), 실행 방법([F] 키를 눌러 실행)

13 모든 설정이 끝나면 오른쪽 상단 <저장 후 플레이>를 클릭한 후, 맵을 확인해 봅니다.

2 외부 스페이스 연결하기

1 '플레이' 화면 왼쪽 하단에 있는 <ZEP 홈> 단추를 클릭하여 홈 화면으로 이동합니다.

2 '최근 방문'에서 '로봇' 맵을 클릭합니다.

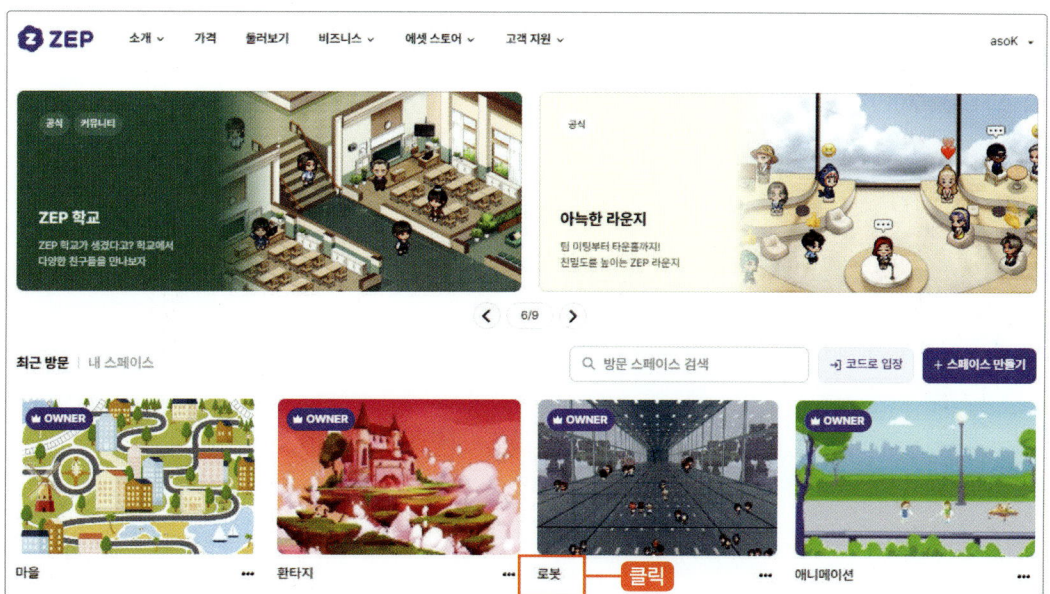

3 '플레이' 화면 왼쪽 상단에 있는 <초대 링크 복사> 단추를 클릭하여 '로봇 스페이스'의 주소를 복사합니다.

4 다시 '플레이' 화면 왼쪽 하단에 있는 <ZEP 홈> 단추를 클릭하여 홈 화면으로 이동합니다.

5 '최근 방문'에서 '마을' 맵을 클릭합니다.

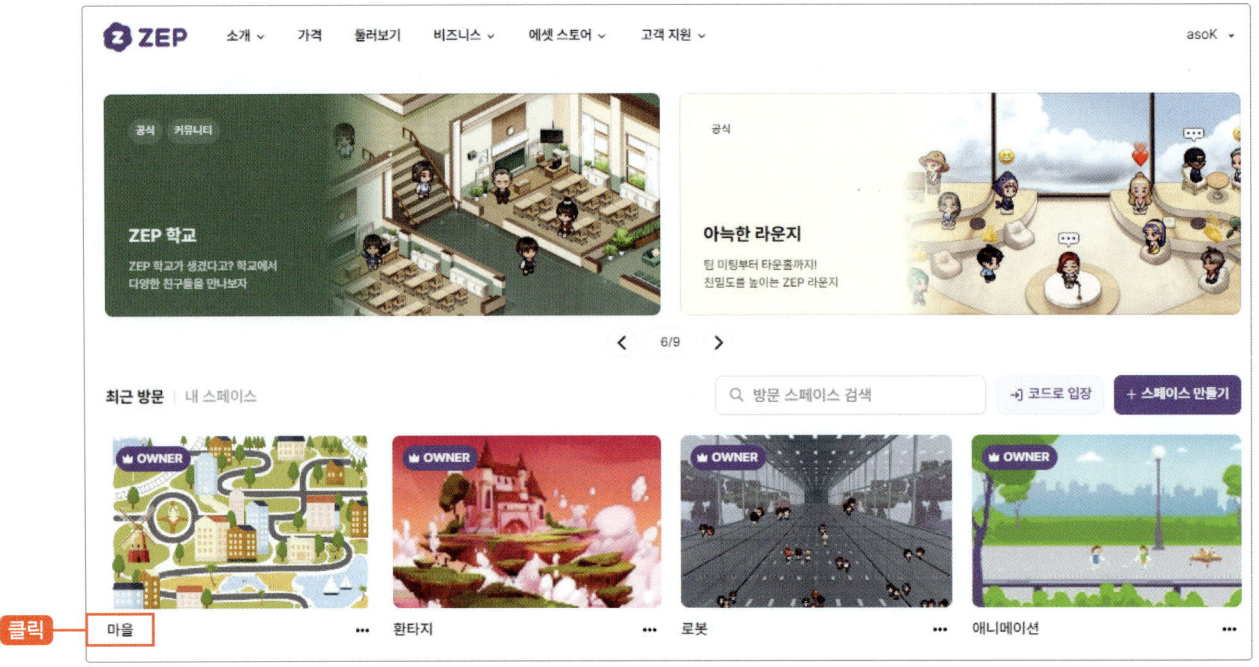

6 '플레이' 화면 왼쪽 상단에 있는 <맵 에디터> 단추를 클릭하여 편집 화면으로 이동합니다.

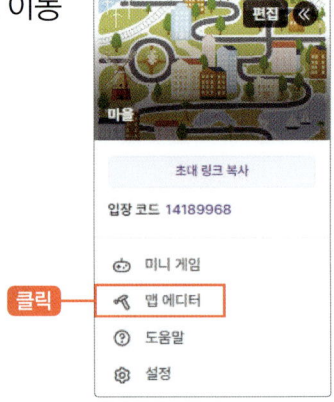

7 [마을] 맵을 클릭하고 다음과 같이 '포털'을 만들어 봅니다.

※ '외부 스페이스로 이동'을 클릭한 후, '이동할 외부 스페이스의 ID'에는 앞에서 복사한 '로봇 스페이스'의 주소를 '붙여넣기' 합니다. '붙여넣기'를 한 '로봇 스페이스'의 주소에서 'https://zep.us/play/'를 삭제한 후, 포털을 만들어 줍니다.(스페이스 ID는 6자리입니다.)

8 모든 설정이 끝나면 오른쪽 상단 <저장 후 플레이> 단추를 클릭한 후, 맵을 이동하며 확인해 봅니다.

CHAPTER 24 마을 만들기

CHAPTER 24 미션 수행하기

1 [마을] 맵에 있는 지형지물을 활용하여 지금까지 만든 스페이스들을 오고 갈 수 있는 포털을 만들어 봅니다.

MEMO

K마블 소개

2024년 아카데미소프트의 새로운 **타자 프로그램**

[K마블 인트로]

- 아직도 막 쳐! '**K마블**' 이라고 들어봤니?
- 키보드타자 + 마우스 + 문제해결능력을 위한 블록코딩을 **학습게임**으로 시작하는 K마블 1.0
- 타자치는 인공지능 로봇 **키우스봇**과 함께하는 학습게임 타자 프로그램
- 모든 연습 내용은 **학습**에 필요한 단어, 문장으로 구성
- **책 한권**으로 자격증 시험까지(교재+S/W+시험+자격증) **원스톱**으로!
- 외계로부터 **지구를 지키는 스토리** 구성과 16개 **레벨카드**로 구성
- 선생님만을 위한 **원격제어** 기능

K마블! UI 잠깐 훔쳐보기

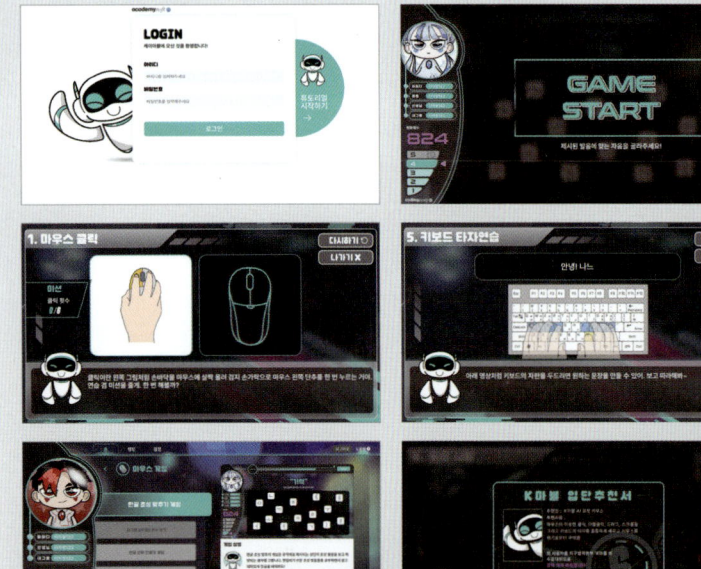

※ 2024년 1월 베타버전 출시 / 2024년 2월 정식버전 출시(교재와 함께) / 정가(14,000원)

K마블! 교재 잠깐 훔쳐보기

2024년 처음 시작하는 컴퓨터! 한글타자 첫걸음

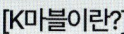
[K마블이란?]

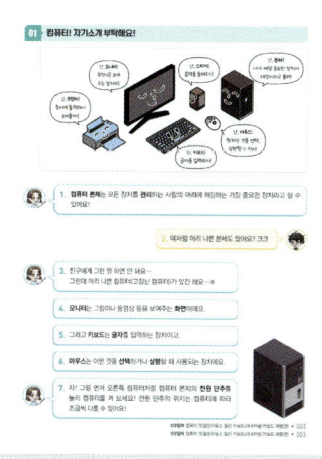
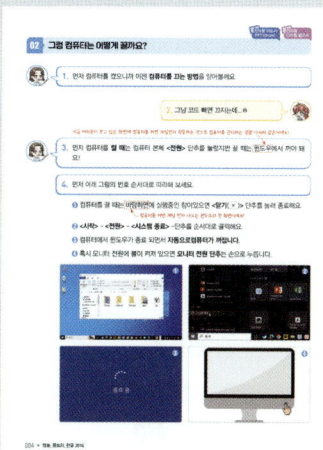

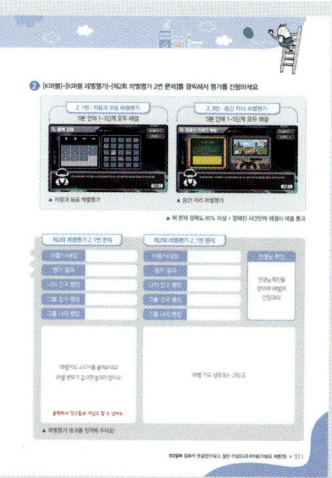

※ 질문이 서투른 어린이들을 위한 **대화형 학습교재**

채점프로그램 MAG 소개

2024년 아카데미소프트의 새로운 **메타인지 + 인공지능 채점 프로그램**

AI 채점 프로그램 "MAG"

- ▶ This Is Grading
- ▶ 선생님만을 위한 **네트워크** 채점프로그램으로 전체 학생들 성적을 실시간 확인
- ▶ **메타인지** 통계 및 성적 프로그램으로 부족한 부분과 단점을 완벽히 보완
- ▶ 개인, 반, 그룹, 전국 평균 및 랭킹으로 **성적 비교 분석**
- ▶ **인공지능**으로 채점율 UP⇧
- ▶ 실제 시험장과 유사한 환경으로 모의고사 진행

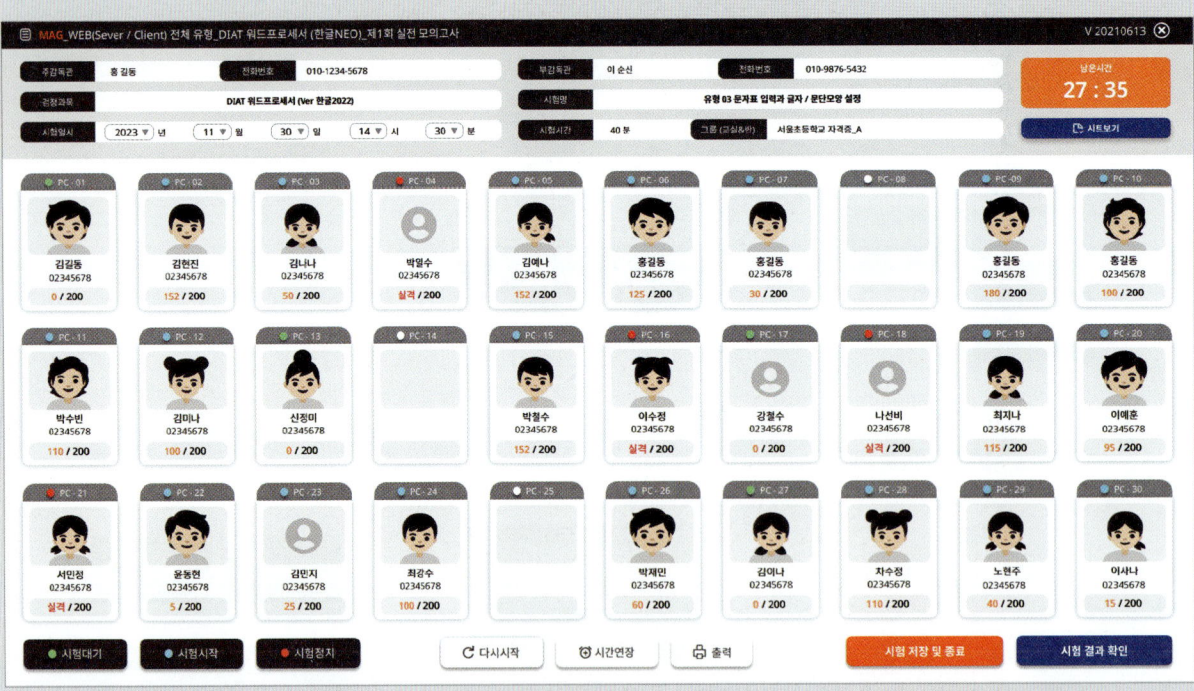

▲ 선생님 PC 실시간 채점

- ▶ 베타버전 : 2024년 2월에 출시
- ▶ 정식 Ver 1.0(네트워크) : 2024년 3월 출시
- ▶ 정식 Ver 2.0(메타인지) : 2024년 7월 출시
- ▶ 정식 Ver 3.0(인공지능) : 2024년 9월 출시